KB201780

Aktuelles Wissen für Praxis

독일 기업실무 용어사전

내일을여는지식 경영경제 7

Aktuelles Wissen für Praxis

독일 기업실무
용어사전

하성식 지음

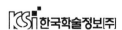

KSI 한국학술정보㈜

결혼 14주년을 기념하여 사랑하는 아내 서영숙에게.

서 문

재독한국경제인협회(www.koebag.de) 자료에 따르면, 2009년 2월 현재 독일에 진출해 있는 한국 기업의 수는 약 113개이며, 본사 파견 주재원의 수는 약 450명, 그리고 현지에서 채용된 직원수는 약 2,600여 명에 달하고 있다. 이 정도 진출 규모라면 현지국의 제도와 경영 환경에 관하여 실무적으로 참고할 만한 서적이 있어야 할 것이지만, 현실은 그렇지 못했다. 이런 아쉬움이 저자로 하여금 독일 노동법 실무(한국학술정보㈜, 2007년 10월)를 출간하게 했고, 본 용어사전도 이러한 필요의 연장선상에서 나온 것이다. 이제 이 두 권의 책으로, 독일 내 한국기업 커뮤니티를 위한 기초적인 출판물의 토대가 마련되었다고 생각하며, 그 작업을 저자 개인이 했다는 것에 자부심을 가져 본다.

애초에 본 용어사전을 준비하면서 염두에 두었던 독자층은 대략 두 가지 부류였다. 첫째, 현지 교포로서 독일에서 교육을 받은 후 한국계 기업에서 근무하거나 또는 한국계 기업을 상대로 세무, 회계, 법률 자문을 하는 분들로서 어느 정도 한국어를 이해하고 구사할 수 있으나, 공식적인 보고서를 작성하는데 필요한 한국어 전문 용어(한국의 제도와 법규를 포함하여)에 익숙하지 않은 분들. 둘째,

기초 독일어를 이해하고 있는 파견 주재원으로서 현지 직원들을 상대로 회사에서의 일상적인 관리 업무를 수행하기 위해 현지의 규정과 용어에 대한 이해가 필요한 분들.

이런 분들이 업무를 위한 효과적인 의사소통을 하기 위해서는 용어에 대한 개념이 정확하게 세워져 있어야 할 것이다. 본 용어 사전이 이러한 목적에 부합하는 기본서가 되기를 바란다.

한국계 기업과 업무상 연관을 맺고 있는 독일인으로서 한국어를 어느 정도 구사할 수 있는 분이 독일어 용어의 정확한 한국어 번역어를 찾는 데도 유용하게 사용할 수 있을 것이다. 그 외에도 독일에 관심을 가지고 있는 여러 분야의 사람들이 이런 저런 필요에 따라, 곁에 두고 참고할 만한 책이 되기를 기대해 본다.

여기에 수록된 용어는 막연히 선택된 용어가 아니다. 기본적으로 알아 두어야 할 용어 이외에, 지난 15년여의 실무 경험을 통해서 가장 긴요하다고 판단된 용어를 선택하였고, 단순히 우리말 번역용어를 제시한다는 차원을 넘어서 그 내용을 알고 실무에 적용할 수 있도록 풍부한 해설을 달았다.
출판에 흔쾌히 동의해 준 한국학술정보㈜에 감사의 인사를 드린다.

2009년 5월

독일 쾨니히슈타인(Königstein)에서
저자 **하성식**

목 차

서 문 / 5

ABC-Analyse   ABC 분석 33
Abfindung   해고보상금 34
Abgabenordnung   국세징수법 34
Abmahnung   경고장 34
Absatzwege   유통경로 35
Abschlussprüfer   회계감사인, 외부감사인 35
Abschlussprüfung   회계감사 36
Abschreibung   감가상각(비) 36
Abschreibungsbetrag   감가상각비 37
Abschreibungssatz   감가상각률, 상각률 37
AG   주식회사 37
AGB   보통거래약관 37
Agentur für Arbeit   노동사무소 37
AGG   일반균등대우법 37
Agio   주식발행초과금, 사채할증발행차금 38
Aktie   주식 38
Aktienbuch   주주명부 38
Aktienemission   주식발행 38
Aktiengesellschaft   주식회사 38
Aktiengesetz   주식(회사)법 39

Aktienoption   주식매입선택권, 스톡옵션   39

Aktienoptionsprogram   스톡옵션제도   39

Aktienregister   주주명부   39

Aktiensplit   주식분할   39

Aktive Rechnungsabgrenzungsposten   차변경과계정   40

Aktivkonto   차변계정   40

Aktivtausch   차변교환거래   40

ALG I   실업급여 I   40

ALG II   실업급여 II   40

All you can afford—Methode   지출가능액법   41

Allgemeine Geschäftsbedingungen   보통거래약관   41

Allgemeine Gleichbehandlungsgesetz   일반균등대우법   41

Allgemeinverbindlichkeitserklärung   일반적 구속력의 확장선언 (단체협약의)   41

Altersteilzeit   조기은퇴제도   42

Amortisation   상각   42

Amtliche Lohnpfändungstabelle   급여압류대비표   42

Amtlicher Sachbezugswert   세무상 인정가액   42

Andere Anlagen, Betriebs—und Geschäftsausstattungen   비품   43

Anforderungsprofil   직무명세서   43

Anhang   주석   43

Anlagespiegel   고정자산목록   44

Anlagevermögen   고정자산   44

Anleihen mit Umtauschrecht   신주인수권부사채   44

Anschaffungskosten   취득원가 (상품의)   44

Anschaffungsnebenkosten   매입부대비용   44

Antidumpingzoll   반덤핑관세   45

Arbeitgeber   사용자   45

Arbeitgeberdarlehen   대여금 (직원에 대한)   45

Arbeitgeberverbände   사용자단체   46

Arbeitgerberzuschuss zum Mutterschaftsgeld 사용자의 보조금
  (산전후휴가급여에 대한) *46*

Arbeitnehmer 근로자 *46*

Arbeitnehmerüberlassungsvertrag 근로자파견계약 *47*

Arbeitsamt 노동사무소의 옛 명칭 *47*

Arbeitsdirektor 노무이사 *47*

Arbeitsgericht 노동법원 *47*

Arbeitskampf 노동쟁의 *48*

Arbeitslosengeld 실업급여 *48*

Arbeitslosengeld I 실업급여 I *49*

Arbeitslosengeld II 실업급여 II *49*

Arbeitslosenversicherung 고용보험 *49*

Arbeitsplatzwechsel 직무교차 *50*

Arbeitsverhältnis 근로관계 *50*

Arbeitsvertrag 근로계약 *50*

Arithmetrisch-degressive Abschreibung 연수합계법 *51*

Aufbewahrungsfrist 서류보존기간 *51*

Aufbewahrungspflicht 서류보존의무 *51*

Aufgabenanalyse 직무분석 *51*

Aufgabenbereicherung 직무충실 *52*

Aufgabenerweiterung 직무확대 *52*

Aufgabengestaltung 직무설계 *53*

Aufhebungsvertrag 근로관계 종료계약 *53*

Auflösung 해산 *54*

Aufsichtsrat 감사회 *54*

Aufstellungsfrist 작성기한 (결산장부의) *55*

Aufstellungspflicht 작성의무 (결산장부의) *55*

Aufwendungen 비용 *55*

Aufwendungsausgleichgesetz 사용자비용보전법 *56*

Ausfuhrumsatzsteuer 수출부가세 *56*

Ausfuhrzoll 수출관세   *56*

Ausgaben 지출   *56*

Auslandsreise-Krankenversicherung 해외출장 건강보험   *57*

Außerordentliche Kündigung 즉시해고   *57*

Aussperrung 직장폐쇄   *57*

Auszubildende(r) 직업훈련생   *57*

Avalkredit 지급보증크레딧   *58*

Avalprovision 지급보증크레딧수수료   *58*

Azubi 직업훈련생   *58*

฿

Bankguthaben 예금   *59*

Barrabatt 현금할인   *59*

Befristeter Arbeitsvertrag 기간제 근로계약   *59*

Beitragsbemessungsgrenze 산정한도금액   *60*

Belegschaft 종업원, 직원 (집합 개념)   *60*

Belegschaftsaktien 우리사주   *60*

Beratungsrecht 협의권   *60*

Bereitstellungsprovision 차월약정(기본)수수료   *61*

Berufung 항소   *61*

Beschäftigungsgrad 손익분기점비율   *61*

Beschäftigungsverbot 근로금지   *62*

Beschwerde 항고   *62*

Bestandskonto 대차대조표계정   *62*

Bestätigungsvermerk 감사의견 (외부감사인의)   *62*

Bestimmungslandprinzip 도착지기준   *63*

Beteiligungsrecht 경영참여권   *63*

Betriebliche Altersversorgung 기업노령연금(제도)   *64*

Betriebliche Übung 경영관행   *64*

Betriebsänderung 경영변동 64

Betriebsausgaben 영업비용 65

Betriebsbedingte Kündigung 기업 경영상의 사유에 의한 일반해고 65

Betriebseinrichtungskosten 개업비 66

Betriebshaftpflichtversicherung 사업장 책임보험 67

Betriebsrat 경영협의회 67

Betriebstreue 충실의무 68

Betriebsurlaub 대체휴가제 68

Betriebsveranstaltung 사내행사 68

Betriebsvereinbarung 사업장협약 69

Betriebsverfassungsgesetz 경영조직법 69

Bewertung des Endbestands 기말재고자산의 평가 70

Bezugskosten 매입부대비용 71

Bezugsrecht 신주인수권 71

BGB 민법전 71

Bilanz 대차대조표 71

Bilanzgewinn 대차대조표이익 72

Bilanzkennzahlen 재무비율 72

Bilanzstichtag 대차대조표일 72

Bilanzsumme 총자산 또는 총자본 73

Bilanzverkürzung 차대변감소거래 73

Bilanzverlängerung 차대변증가거래 73

Bilanzverlust 대차대조표손실 74

Bildungsurlaub 교육휴가 74

Boni 할인 (사후적) 75

Bonusaktien 무상주 75

Boykott 보이콧 75

Break-even-Analyse 손익분기점분석 75

Break-even-Punkt 손익분기점 76

Break-even-Umsatz 손익분기점매출 76

Briefkurs 매도율, 매도가 76

Bruttogehalt 총급여(액) 76

Buchführung 부기 76

Buchungssatz 분개양식 76

Buchwert 장부가 77

Bürgerliches Gesetzbuch 민법전 77

Bürgerliches Recht 민법 77

Bürgschaftkredit 지급보증크레딧 77

Bummelstreik 태업 77

Bundesanzeiger 관보 78

Bundesarbeitsgericht 연방노동법원 78

Bundesdatenschutzgesetz 연방정보보호법 78

Bundesurlaubsgesetz 연방휴가법 79

BV 근로금지 79

C

Cash Ratio 유동비율 I 80

Cashflow 현금흐름 80

CE-Kennzeichnung CE 인증마크 81

Chancen-Risiken-Analyse 기회-위협요인 분석 81

Competitive-Parity-Methode 경쟁자기준법 81

Current Ratio 유동비율 III 81

D

Dachmarkenstrategie 중심브랜드전략 82

Damnum 주식할인발행차금, 사채할인발행차금 82

Debitorenbuchhaltung 매출채권관리 82

Deckungsbeitrag 공헌이익 82

Deckungsgrad 유동비율 83

Degressive Abschreibung 가속상각법 83

Deutsche Gewerkschaftsbund 독일노조연맹 84

Deutsche Industrie- und Handelskammer 독일상공회의소 84

DGB 독일노조연맹 84

Dienstvertrag 고용계약 84

Dienstwagen 업무용 차량 85

Direktionsrecht 지시권 85

Direktversicherung 직접보험 85

Direktzusage 직접보장 86

Disagio 사채할인발행차금 86

Diskriminierung 차별, 차별대우 87

Dividende 배당(금) 87

Dividendenpapiere 배당증권 87

Doppelte Buchführung 복식부기 87

Dreizehnter Monatsgehalt 13개월째 급여 88

Drohverlustrückstellungen 대손충당금 88

Durchschnittsverfahren 평균법 88

E

Effektive Kapitalerhöhung 유상증자 90

Effektive Kapitalherabsetzung 유상감자 90

Ehegattensplitting 부부합산 과세제도 90

Eigene Aktien 자기주식 90

Eigenkapital 자기자본 91

Eigenkapitalquote 자기자본비율 91

Eigenkapitalrentabilität 자기자본이익률 92

Eigenkündigung 근로계약의 해지 (근로자에 의한) 92

Ein- und Auszahlungsrechnung 현금주의 92

Einfaches Durchschnittsverfahren 총평균법 92

Einführungsphase 도입기 92

Einfuhrumsatzsteuer 수입부가세 93

Einfuhrzoll 수입관세 93

Eingeschränkter Bestätigungsvermerk 한정의견 93

Einkommensteuer 소득세 93

Einnahmen 수입 94

Einzelmarkenstrategie 개별브랜드전략 94

Einzelunternehmen 자영업 95

Elterngeld 육아휴직보조금 95

Elternzeit 육아휴직 95

Emission 주식(사채)발행 95

Emissionsagio 주식발행초과금 96

Emissionsdisagio 사채할인발행차금 96

Entgeltfortzahlung 급여계속지급 96

Entgeltfortzahlungsgesetz 급여계속지급법 96

Entgeltfortzahlungsversicherung 급여계속지급보험 96

Entleiher 사용사업주 97

Erbschaftsteuer 상속세 97

Erfolgskonto 손익계산서계정 98

Erholungsurlaub 연차유급휴가 98

Ermahnung 견책 98

Erträge 수익 99

Essenbon 식사쿠폰 99

Essenzuschusss 식비보조비 99

F

Fahrtkosten 교통비 — 101

Fahrtkostenzuschuss 통근보조비 — 101

FIFO 선입선출법 — 102

Finanzanlagen 투자자산 — 102

Finanzzoll 재정관세 — 103

Firma 상호 (회사의) — 103

Fiskalzoll 재정관세 — 103

Forderungen aus Lieferungen und Leistungen 매출채권 — 103

Franchising 프랜차이즈 — 103

Freiberufler 자유직업자 — 103

Freibetrag 소득공제 — 104

Freie(r) Mitarbeiter(in) 프리랜서 — 104

Freigrenze 소득공제 — 105

Freistellung 근무면제 — 105

Freiwilligkeitsvorbehalt 지급유보(조항) — 105

Freizonen 관세자유지역 — 105

Fremdkapital 타인자본 — 106

Fremdkapitalquote 부채비율 — 106

Fremdwährungsschulden 외화채무 — 106

Fürsorgepflicht 배려의무 — 107

Funktionsrabatt 기능할인 — 107

G

G. u. V. 손익계산서 — 108

GbR 민법상의 조합 — 108

Gehaltsabrechnung 급여계산 — 108

Gehaltspfändung 급여 압류 — 108

Geldkurs 매입율, 매수가   *109*

Geldvermögen 당좌자산   *109*

Geldwerter Vorteil 경제적 편익   *109*

Gemeinschaftskontenrahmen 계정과목분류표(GKR)   *110*

Genehmigte Kapitalerhöhung 수권자본에 의한 증자   *110*

Genehmigtes Kapital 수권자본   *110*

Geometrisch—degressive Abschreibung 정률법   *110*

Gerichtsbarkeit 재판권   *111*

Geringfügig entlohnte Beschäftigung 미니잡   *111*

Geringfügige Beschäftigung 단시간 근로   *111*

Gesamtkapitalrentabilität 총자본이익율   *111*

Geschäfts— oder Firmenwert 영업권   *111*

Geschäftsjahr 회계연도, 회계기간   *112*

Geschäftsvorfälle 회계거래, 부기상의 거래   *112*

Gesellschaft des bürgerlichen Rechts 민법상의 조합   *112*

Gesellschaft mit beschränkter Haftung 유한회사   *112*

Gesellschafterversammlung 사원총회   *113*

Gesellschaftsvertrag 정관 (유한회사의)   *113*

Gesetzliche Rücklage (법정)이익준비금   *113*

Gesundheitsreform 2007 건강(보험)개혁 2007   *113*

Gewerbesteuer 영업세   *113*

Gewerbliche Schutzrechte 산업재산권   *114*

Gewerkschaft 노동조합   *114*

Gewinn 이익   *114*

Gewinn— und Verlustrechnung 손익계산서   *115*

Gewinnausschüttung 이익분배   *115*

Gewinnrücklagen 이익잉여금   *115*

Gewinnvortrag 이월이익잉여금   *115*

Gezeichnetes Kapital 법정자본금   *116*

Gleitendes Durchschnittsverfahren 이동평균법   *116*

GmbH 유한회사 ··· 116

GmbH & Co. KG 유한합자회사 ··································· 116

GmbH-Gesetz 유한회사법 ··· 116

GoB 회계원칙 ·· 116

Gratifikation 보너스 ·· 117

Gratisaktien 무상주 ·· 117

Größenklassen 규모에 따른 분류 ······························ 118

Gründungskosten 창업비 ·· 118

Grunderwerbsteuer 토지취득세 ································· 118

Grundkapital 법정자본금 ··· 119

Grundkündigungsfrist 기본예고기간 ··························· 119

Grundsätze ordnungsmäßiger Buchführung 회계원칙 ·· 119

Grundsteuer 부동산 보유세 ······································ 120

Grundstücke 토지 ·· 120

Gruppen-Unfallversicherung 그룹상해보험 ················· 120

Günstigkeitsprinzip 유리한 조건 우선(적용)의 원칙 ······ 120

Guerilla Marketing 게릴라 마케팅 ····························· 121

Gütetermin 화해심리기일 ·· 121

Güteverhandlung 화해심리 ·· 121

GuV Konto 집합손익계정 ·· 122

▬ H ▬

Haben 대변 ·· 123

Habensaldo 대변잔액 ·· 123

Haftpflichtversicherung 책임보험 ······························ 123

Handelsgesetzbuch 상법전 ·· 123

Handelsrecht 상법 ·· 124

Handelsregister 상업등기부 ······································ 124

Handwerkskammer 수공업자상공회의소 124

Hartz IV 실업급여 II 124

Hauptabschlussübersicht 정산표 124

Hauptversammlung 주주총회 125

Hebesatz 부과세율 125

HGB 상법전 125

IG 산별노조 125

IG Bergbau 광산노조 125

IG Chemie 화학노조 125

IG Energie 에너지노조 125

IG Metall 금속노조 125

I

IHK 상공회의소 126

Immaterielle Vermögensgegenstände 무형자산 126

Imparitätsprinzip 손실계상주의 126

Incoterms 무역조건 127

Industrie- und Handelskammer 상공회의소 127

Industriegewerkschaft 산별노조(산업별노조) 127

Industriekontenrahmen 계정과목분류표(IKR) 127

Industrieverbandsprinzip 산업별조합원칙 127

Informationsecht 정보권 128

Inhaberaktie 무기명주식 128

Insolvenz 지급불능 128

Interessenabwägung 비교형량 128

Interessenausgleich 이해조정 129

Inventar 재고목록(표) 129

Inventur 재고조사, 실지재고조사, 실사 130

Investitionszulage 투자인센티브 130

J

Jahresabschluss 결산재무제표 131

Jahresfehlbetrag 당기순손실 131

Jahresüberschuss 당기순이익 131

Juristische Person 법인 132

K

Kammer 재판부 (노동법원과 주노동법원의) 133

Kammertermin 재판기일 133

Kapital 자본 133

Kapitalerhöhung 증자 134

Kapitalgesellschaft 물적회사, 자본회사 134

Kapitalherabsetzung 감자 134

Kapitalrücklage 자본잉여금 135

Kapitalumschlagshäufigkeit 자본회전율 135

Kapitalverwässerung 주주지분의 희석화 135

Kaskoversicherung 자동차 종합보험 136

Kassekonto 현금계정 136

Kassenbestand 현금 136

Kassenbuch 소액현금출납장 136

Kaufentscheidungsprozess 구매의사결정 프로세스 136

Kennzahlen zur Kapitalstruktur 안정성비율 137

Kennzahlen zur Umschlagshäufigkeit 활동성비율 137

Kfz-Haftpflichtversicherung 자동차 책임보험 137

KG 합자회사 137

KGaA 주식합자회사 137

Kindergeld 양육보조금 137

Kirchensteuer 교회세 138

Kommanditgesellschaft 합자회사   138

Kommanditgesellschaft auf Aktien 주식합자회사   138

Kommanditgesellschaft mit einer Gesellschaft mit beschränkter

      Haftung 유한합자회사   139

Kommanditist 유한책임사원 (합자회사의)   139

Komplementär 무한책임사원 (합자회사의)   139

Konformitätserklärung 적합선언서   139

Konkurrenzanalyse 경쟁사 분석   140

Konkurrenzorientierte Preisfestlegung 경쟁사중심 가격설정   140

Konkurs 파산   140

Kontenrahmen 계정과목분류표   140

Konto 계정   140

Kontokorrentkonto 당좌예금계정   141

Kontokorrentkredit 당좌차월   141

Kontokorrentvertrag 당좌차월계약   142

Konzernverrechnungspreis 이전가격   142

Konzessionsverkauf 프랜차이즈   142

Körperschaftsteuer 법인세   142

Kostenaufschlagsmethode 원가가산법   142

Kostorientierte Preisfestlegung 비용중심 가격설정   143

Krankengeld 상병급여   143

Krankenkasse 건강보험조합   143

Krankenversicherung 건강보험   144

Kreditlimit 차월한도   145

Kreditlinie 차월한도   145

Kreditorenbuchhaltung 매입채무관리   145

Kündigung 해지   145

Kündigungsfrist 해고예고기간   145

Kündigungsschutzgesetz 해고제한법   146

Kündigungsschutzklage 해고무효소송, 부당해고소송   147

Kundenanalyse   고객 분석 ·· 148

Kundenskonti   매출할인 ·· 148

Kursgewinn   외환차익, 환차익 ································· 148

Kursverlust I   외환차손, 환차손 ······························ 148

Kursverlust II   외화환산손실 ···································· 149

Kurzfristige Beschäftigung   단기근무 ························ 149

Kurzfristige Verbindlichkeiten   유동부채 ··················· 149

▬ ℒ ▬

Lagebericht   경영현황보고서 ····································· 150

Lagerkartei   상품재고장 ··· 150

Lagerumschlag   재고자산회전(율) ···························· 150

Lagerumschlagshäufigkeit   재고자산회전율 ················· 150

Landesarbeitsgericht   주노동법원 ····························· 151

Lebenszyklusanalyse   제품 라이프사이클 분석 ·············· 151

Leiharbeitnehmer   파견근로자 ································· 151

Lieferantenskonti   매입할인 ···································· 152

LIFO   후입선출법 ··· 152

lineare Abschreibung   정액법 ·································· 152

Liquidation   청산 ·· 153

Liquidator   청산인 ··· 153

Liquide Mittel   현금성자산 ····································· 153

Liquidität   유동성 ··· 153

Liquidität 1. Grades   유동비율 I ······························ 154

Liquidität 2. Grades   유동비율 II 또는 당좌비율 ············ 154

Liquidität 3. Grades   유동비율 III ···························· 154

Liquiditätsgrad   유동비율 ······································ 154

Liquiditätskennzahlen   유동성비율 ·························· 155

Lohnsteuer 근로소득세   *155*

Lohnsteuerkarte 근로소득세 카드   *155*

▬ *M* ▬

Markenfamilienstrategie 패밀리브랜드전략   *156*

Markenpolitik 상표전략   *156*

Marketinginstrumente 마케팅 도구   *156*

Marketingkontrolle 마케팅 통제   *157*

Marketingmix 마케팅 믹스   *157*

Marktanteil 시장점유율   *157*

Marktforschung 시장조사   *157*

Marktsegmentierung 시장세분화   *158*

Massenentlassung 대량해고   *158*

Media-Mix 미디어 믹스   *159*

Mehrarbeit 초과근무   *159*

Mehrmarkenstrategie 복수브랜드전략   *159*

Mehrwertsteuer 부가가치세   *159*

Mengenrabatt 수량할인   *159*

Mini Job 미니잡   *159*

Mitbestimmungsgesetz 공동결정법   *160*

Mitbestimmungsrecht 공동결정권   *161*

Montan-Mitbestimmungsgesetz 광산업공동결정법   *161*

Mutterschaftsgeld 산전후휴가급여   *161*

Mutterschutzfrist 임산부보호기간   *162*

Mutterschutzgesetz 모성보호법   *162*

N

Nachfrageorientierte Preisfestlegung   수요중심 가격설정 — 163

Namensaktie   기명주식 — 163

Natürliche Person   자연인 — 163

Naturalrabatt   현물할인 — 163

Nettogehalt   순급여(액) — 163

Netzwerk-Marketing   네트워크 마케팅 — 164

Neuproduktentwicklung   신제품개발 — 164

Niederstwertprinzip   저가주의, 저가법 — 164

Nominelle Kapitalerhöhung   무상증자 — 165

Nominelle Kapitalherabsetzung   무상감자 — 165

Nutzungsdauer   내용연수 — 165

O

Objective-and-Task-Methode   목표과제달성법 — 166

Offene Handelsgesellschaft   합명회사 — 166

Offenlegungspflicht   공시의무 — 166

Öffentliches Recht   공법 — 167

OHG   합명회사 — 167

Optionsanleihe   신주인수권부사채 — 167

Ordentliche Kündigung   일반해고 — 167

P

Pfändungsbeschluss   압류결정 — 169

Passive Rechnungsabgrenzungsposten   대변경과계정 — 169

Passivkonto   대변계정 — 169

Passivtausch   대변교환거래 — 169

Pensionsfonds　연금기금　170

Pensionskasse　연금공제조합　170

Pensionsrückstellung　퇴직연금충당금　170

Percentage-of-Profit-Methode　이익비율법　170

Percentage-of-Sales-Methode　매출액비율법　171

Periodenergebnis　기간손익　171

Periodengerechte Buchführung　발생주의　171

Personalakte　인사기록카드　171

Personelle Preisdifferenzierung　인적 가격차별화　172

Personenbedingte Kündigung　일신상의 사유에 의한 일반해고　172

Personengesellschaft　인적회사　173

Pflegeversicherung　간병보험　173

Portokasse　소액현금　173

Positionierung　포지셔닝　173

Preisdifferenzierung　가격차별화　174

Preisdifferenzierung nach Distributionswegen　유통경로별 가격차별화　174

Preisdifferenzierung nach Produktvarianten　제품모델별 가격차별화　174

Preisfestlegung　가격설정　175

Preisführer　가격선도자　175

Preispolitik　가격전략　175

Preisvergleichsmethode　비교가능 제삼자 가격법　176

Privathaftpflichtversicherung　개인책임보험　176

Privatrecht　사법　176

Probezeit　수습기간　176

Produktdifferenzierung　제품차별화　177

Produktdiversifikation　제품다양화　177

Produktelimination　제품제거　178

Produkthaftpflichtversicherung　생산물배상 책임보험　178

Produktinnovation　제품혁신　178

Produktlebenszyklus　제품수명주기　178

Produktlebenszyklus　제품 라이프사이클 _____ 179

Produkt-Markt-Matrix　제품-시장-영역분석 _____ 179

Produktpolitik　제품전략 _____ 179

Produkt-Portofolio-Matrix　제품 포트폴리오 매트릭스 _____ 180

Produktvariation　제품변화 _____ 181

Progressionsvorbehalt　누진유보제도 _____ 181

Protektionszoll　보호관세 _____ 181

Prüfungspflicht　감사의무 _____ 182

Publizitätspflicht　공시의무 _____ 182

Q

Quellensteuer　원천세 _____ 183

Quick Ratio　당좌비율 또는 유동비율 II _____ 183

R

Rabattpolitik　가격할인 전략 _____ 184

Rangrücktrittserkärung　채권포기각서 _____ 184

Räumliche Preisdifferenzierung　지역별 가격차별화 _____ 184

Realisationsprinzip　실현주의 _____ 185

Rechnungsabgrenzungsposten　경과계정 _____ 185

Rechtsschutzversicherung　법률비용보험 _____ 186

Reifephase　성숙기 _____ 187

Reisekosten　출장비 _____ 187

Reisenebenkosten　기타 출장비 _____ 187

Rentabilität　수익성 _____ 187

Rentabilitätskennzahlen　수익성비율 _____ 188

Rentenversicherung　연금보험 _____ 188

Restwert 잔존가액   188

Return on Investment 투자수익률   189

Revision 상고   189

Roh-, Hilfs- und Betriebsstoffe 원재료 (재고자산)   189

Rückgangsphase 쇠퇴기   189

Rückstehungserklärung 채권후순위청구각서   190

Rückstellung für Aufwendungen für Instandhaltung 수선충당금   190

Rückstellung für drohende Verluste aus schwebenden Geschäften

　　대손충당금   190

Rückstellung für Gewährleistungen 판매보증충당금   190

Rückstellungen 충당금   190

Rüge 질책   191

Ruhenszeit 휴지기간 (실업급여의)   191

Rumpfgeschäftsjahr 자투리회계연도   192

S

Sachanlagen 유형자산   193

Sachbezüge 현물급여   193

Sacheinlagen 현물출자   193

Saisonrabatt 계절할인   194

Sättigungsphase 포화기   194

Satzung 정관 (주식회사의)   194

Scheinselbständigkeit 가장자영업   194

Schenkungsteuer 증여세   195

Schlichter 중재자   196

Schlichterspruch 중재안   196

Schlichtung 중재   196

Schlichtungsabkommen 중재협약   196

Schlichtungskommission 중재위원회   197

Schlichtverfahren　중재제도 197

Schlußbilanzkonto　집합대차대조표계정 197

Schutzzoll　보호관세 197

Senat　재판부 (연방노동법원의) 197

Sexuelle Belästigung　성희롱 198

Sicherheitskoeffizient　안전한계율 198

Sicherheitsstrecke　안전한계 198

Situationsanalyse　마케팅 환경분석 199

Skonto　할인 199

Solidaritätsstreik　연대파업 199

Solidaritätszuschlag　연대세 200

Soll　차변 200

Sollsaldo　차변잔액 200

Sonderurlaub　특별휴가 200

Sondervergütung　특별상여금 201

Sozialauswahl　사회계획에 따른 대상자의 선정 201

Sozialplan　사회계획 201

Sozialversicherungsbeitrag　사회보험료 202

Sperrzeit　수급제한기간 (실업급여의) 202

Splitverhältnis　분할비율 203

Sprungrevision　비약상고 203

Stammaktie　보통주 203

Stammkapital　법정자본금 204

Stärken-Schwächen-Analyse　장단점 분석 204

Stellenanzeige　모집광고 205

Stellenbeschreibung　직무기술서 205

Stetigkeitsgebot　계속적용의 원칙 205

Steuerberater　세무사 205

Steuerkarte　근로소득세카드 206

Steuerklasse　과세등급 206

Steuermesszahl　산정요율 206

Steuerrückstellungen　납세충당금 206

Streik　파업 206

Streikfonds　파업기금 207

Streikgeld　파업보조금 207

Streikkasse　파업기금 207

Sympathiestreik　동정파업 207

▬ $\mathcal{T}$ ▬

Tageswert　시가 208

Tariffähigkeit　협약체결능력 (단체협약의) 208

Tarifgebundenheit　구속력범위 (단체협약의) 208

Tarifverhandlung　단체교섭 208

Tarifvertrag　단체협약 209

Technische Anlagen und Maschinen　기계장치 210

Teilautonome Arbeitsgruppe　준자율적 작업집단 210

Teilkaskoversicherung　자동차 부분 종합보험 210

Transferpreis　이전가격 210

Treupflicht　충실의무 210

▬ $\mathcal{U}$ ▬

U1-Verfahren　U1-분담방식 212

U2-Verfahren　U2-분담방식 212

Übernachtungskosten　숙박비 213

Überschuldung　자본잠식 213

Überstunde　초과근무, 시간외 근로 214

Überziehung　예금한도초과, 차월한도초과 214

Überziehungskredit   예금한도초과크레딧   214

Überziehungsprovision   차월한도초과수수료   214

Umbuchungen   수정분개, 기말수정분개   214

Umlagenverfahren   보험료분담방식   215

Umlaufvermögen   유동자산   215

Umsatzrendite   매출액순이익률   215

Umsatzrentabilität   매출액순이익률   215

Umsatzsteuer   매출 부가가치세   216

Umsatzsteuer-Identifikationsnummer   부가세 ID번호   216

Unbefristeter Arbeitsvertrag   무기근로계약   216

Uneingeschränkter Bestätigungsvermerk   적정의견   216

Unfallversicherung   재해보험   217

Unfertige Erzeugnisse   재공품 (재고자산)   217

Urlaubsgeld   휴가보조비   217

Ursprungszeugnis   원산지증명서   217

USP   독특한 판매제안   218

℣

Ver.di   통합 서비스/공공노조   219

Verbindlichkeit   부채   219

Verbindlichkeiten aus Lieferungen und Leistungen   매입채무   219

Vergleich   조정   219

Verhaltensbedingte Kündigung   행태상의 사유에 의한 일반해고   220

Verleiher   파견사업주   220

Verlustvortrag   이월결손금   221

Vermögen   자산   221

Vermögensgegenstände   자산   221

Verpflegungsmehraufwendungen   일당(출장비)   221

Verrechnungspreis   이전가격   222

Versagungsvermerk 부적정의견 223

Vertragsstrafe 위약금 223

Verwendungsbezogene Preisdifferenzierung 용도별 가격차별화 223

Vollkaskoversicherung 자동차 종합보험 223

Vorräte 재고자산 224

Vorschüsse 가불 224

Vorsichtsprinzip 보수주의 224

Vorstand 이사회 225

Vorstellungsgespräch 채용면접 225

Vorsteuer 매입 부가가치세 226

Vortrag 이월 226

Vorzugsaktie 우선주 226

W

Wachstumsphase 성장기 227

Währungsforderungen 외화채권 227

Wandelanleihe 전환사채 228

Wandelobligation 전환사채 228

Wandelschuldverschreibungen 전환사채 228

Weihnachtsgeld 크리스마스 상여금 228

Weisungsrecht 지시권 228

Werbebudget 광고예산 229

Werbemittel 광고수단 229

Werbestrategie 광고전략 229

Werbeträger 광고매체 230

Wertaufholungsgebot 원래가치환원주의 230

Wertpapiere 유가증권 230

Wertpapiere des Anlagevermögens 투자유가증권 230

Wettbewerbsklausel　경(쟁)업금지조항 231

Wiederverkaufspreismethode　재판매가격법 231

Wirtschaftsjahr　회계연도 232

Wirtschaftsprüfer　공인회계사 232

Wirtschaftsprüfung　외부감사(제도) 232

Wirtschaftsprüfungsgesellschaft　회계법인 233

Wohngeld　주거보조금 233

═ Z ═

Zeitarbeitunternehmer　인력파견회사 234

Zeitliche Preisdifferenzierung　시간별 가격차별화 234

Zeitwert　시가 234

Zinspapiere　채권 234

Zoll　관세 234

Zollbarriere　관세장벽 235

Zollhinterziehung　관세포탈 235

Zolltarif　관세율 235

Zollunion　관세동맹 235

Zu versteuerndes Einkommen　과세소득 235

Zusammenfassende Meldung　부가세 역내거래신고 235

Zwangsschlichtung　강제중재 236

국문색인 239

$$\begin{bmatrix} \mathcal{A} \end{bmatrix}$$

ABC-Analyse   ABC 분석

1. 의사결정을 위한 분석도구로서, 업무를 수행함에 있어서 어느 것에 우선순위(Prioritäten) 또는 중점(Schwerpunkte)을 두어야 할 것인지에 대한 분석틀을 제공한다. 투입과 산출 그리고 양적인 측면과 질적인 (가치)측면을 상호 비교 검토해 보아서, A, B, C급으로 대상을 분류하여 관리하는 것이다. A급은 5%의 투입을 통해 70%의 산출을 내는 것, B급은 25%의 투입을 통해 20%의 산출을 내는 것, C급은 70%의 투입을 통해 단지 10%의 산출을 내는 그룹으로 대상을 분류하여 관리한다. 이때 각 등급의 백분율(%)은 대상 업무나 분야에 따라 다르게 가져갈 수 있다. 예를 들어, 대리점을 통해 판매하는 음료수 회사의 경우, 총 100개 대리점 중 상위 10개의 대리점이 본사 매출의 70%를 차지한다고 할 경우, 이 10개의 대리점을 A급으로, 20%의 매출을 차지하는 그 다음 20개 대리점을 B급으로, 그리고 매출의 10%를 차지하는 나머지 70개 대리점을 C급으로 분류하여 관리하는 것이다.

2. 재고관리, 고객관리, 공급자관리 등에 많이 적용된다. 원인과 결과 그리고 투입과 산출간에 불균형적인 패턴이 존재한다는 80:20 법칙을 회사 경영에 적용한 것이라고 보면 된다. 80:20 법칙에

따르면, 20%의 원인이 80%의 결과를 초래하며, 20%의 투입이
80%의 결과를 산출해 낸다는 것이 자주 관찰된다고 한다.

Abfindung 해고보상금

1. 근로관계(→ Arbeitsverhältnis)를 종료하면서 그에 대한 보상
으로서 근로자에게 지급되는 금전적인 것을 통칭한다.

2. 상호 합의에 의한 근로관계 종료계약(→ Aufhebungsvertrag)은
해고보상금을 매개로 하여 이루어진다.

3. 기업 경영상의 이유에 의한 해고(→ betriebsbedingte Kündigung)
의 경우, 해당 근로자의 연령, 부양가족의 수, 근속연수 및 노동시
장의 상황 등에 따라 해고 대상 근로자를 선정(→ Sozialauswahl)
하게 되는데, 이때 해고 대상 근로자에게 지급되는 금전적인 보
상을 말한다.

4. 해고와 관련하여 법적인 분쟁이 발생할 경우, 노동법원의 조
정(→ Vergleich)에 의해 해고보상금을 매개로 하여 근로관계를
종료하는 것으로 합의하기도 한다.

Abgabenordnung 국세징수법

모든 종류의 세금에 관하여, 과세에 관한 기본적이고, 공통적인
사항을 규율한 법률을 말한다. 과세표준의 산정, 세금의 확정 및
부과, (강제)집행 등에 관해 규정하고 있다.

Abmahnung 경고장

1. 독일의 해고제한법(→ Kündigungsschutzgesetz)은 정당한 해고
의 사유가 없는 해고는 유효하지 않다고 규정하고 있다. 또한 사
전에 최소한 1회 이상은 경고장을 통해 경고를 하도록 정하고

있는데, 이를 준수하지 않았을 경우에도 마찬가지로 정당한 해고로 받아들여지지 않는다. 특히 행태상의 사유에 의한 일반해고(→ verhaltensbedingte Kündigung)의 경우, 사전에 경고장을 발송하지 않았다면, 그 해고는 정당하지 않은 것으로 간주한다.

2. 경고장의 내용은, 위반 행위에 대한 사실 내용의 부분과 재발시 해고하겠다는 경고의 부분으로 나뉜다. 경고장에는 반드시 경고(Abmahnung)라는 단어가 들어가야 한다. 사소한 문제행위에 대해서 경고장을 발송해서는 안되고, 경미한 위반행위에 대해서는 질책(→ Rüge), 견책(→ Ermahnung)을 통해 단계적으로 조치하는 것이 바람직하다.

3. 경고장은 노동법원에서 증거력이 있는 중요한 서류이기 때문에, 대표이사, 서명권자 또는 인사팀장만이 적법한 경고장을 발부할 수 있으며, 그렇지 않은 자가 발부한 경고장은 유효하지 않다.

Absatzwege　유통경로

생산된 제품이 생산자로부터 최종소비자에 이르기까지의 모든 프로세스를 말한다. 일반적으로 생산자 → 도매업자 → 소매업자 → 최종소비자에 이르는 경로이다. 마케팅에서는 유통경로의 기능을 주기능(조사 / 정보수집 / 프로모션 / 컨택트 / 매칭 / 교섭)과 판매지원기능(물류: 로지스틱스 / 파이낸스 / 리스크분담)으로 나눈다.

Abschlussprüfer　회계감사인, 외부감사인

공인회계사(→ Wirtschaftsprüfer) 또는 회계법인(→ Wirtschaftsprüfungsgesellschaft)을 말한다. 상법 제242조 및 제264조에 따라, 모든 회사는 매 회계연도마다 결산재무제표(→

Jahresabschluss)를 작성해야 한다. 결산재무제표는 대차대조표(→
Bilanz), 손익계산서(→ Gewinn- und Verlustrechnung) 및 주석(→
Anhang)을 말한다. 물적회사(→ Kapitalgesellschaft)의 경우, 규모
에 따른 분류(→ Größenklassen)를 통해 소 / 중 / 대기업으로 나누
는데, 상법 제316조 이하에 따라, 중 / 대기업의 경우는 회계감사
인에 의해 결산재무제표에 대한 회계감사(→ Abschlussprüfung)
의 의무가 부과된다.

Abschlussprüfung 회계감사

1. 매 회계연도말에 작성된 결산재무제표(→ Jahresabschluss)에 대
한 감사를 말하는데, 반드시 회계감사인(→ Abschlussprüfer)에 의
해 진행되도록 해야 한다.

2. 물적회사(→ Kapitalgesellschaft)의 경우, 규모에 따른 분류
(→ Größenklassen)를 통해 소 / 중 / 대기업으로 나누는데, 상법 제
316조 이하에 따라, 중 / 대기업의 경우는 외부감사인에 의해 결
산재무제표에 대한 회계감사의 의무가 부과된다.

Abschreibung 감가상각(비)

1. 유형자산(→ Sachanlagen)의 취득원가(→ Anschaffungskosten)에서
잔존가액(→ Restwert)을 차감한 잔액(감가상각대상금액)을 그 자
산의 경제적 효익이 발생하는 기간(내용연수)동안 합리적으로 배
분하는 과정을 말한다.

2. 감가상각의 방법에는 크게 정액법(→ lineare Abschreibung)과
가속상각법(→ degressive Abschreibung)이 있다.

Abschreibungsbetrag 감가상각비

유형자산(→ Sachanlagen)의 취득원가(→ Anschaffungskosten)에서 잔존가액(→ Restbuchwert)을 차감한 잔액(감가상각대상금액)을 그 자산의 경제적 효익이 발생하는 기간(내용연수)동안 합리적으로 배분하는 과정을 감가상각(→ Abschreibung)이라고 하는데, 이와 같이 감가상각을 통해 매기(매년) 배분되는 금액을 감가상각비 또는 감가상각액이라고 한다.

Abschreibungssatz 감가상각률, 상각률

정률법(→ geometrisch-degressive Abschreibung)에 따르면 매기(매년) 기초의 미상각잔액(유형자산의 취득원가에서 감가상각누계액을 차감한 장부가액)에 동일한 백분율을 적용하여 감가상각비를 계산한다. 이때 적용하는 비율을 감가상각률이라고 하는데, 이때 잔존가액을 '1'로 보고 상각률을 계산한다.

AG 주식회사

주식회사(→ Aktiengesellschaft)의 약어

AGB 보통거래약관

Allgemeine Geschäftsbedingungen의 약어

Agentur für Arbeit 노동사무소

연방 차원에서 독일의 고용보험(→ Arbeitslosenversicherung)에 관한 행정 사무를 전담하는 중앙행정기관이 Bundesagentur für Arbeit 이며, 그 산하에 각 지역별로 지방 노동사무소가 설치되어 있다.

AGG 일반균등대우법

→ Allgemeine Gleichbehandlungsgesetz의 약어.

Agio 주식발행초과금, 사채할증발행차금

주식(→ Aktie) 또는 회사채(Unternehmensanleihen) 발행시 발행가액이 액면가액을 초과할 경우, 이 차액을 주식발행초과금 또는 사채할증발행차금이라고 한다. 주식을 할증 발행했을 경우의 분개는 차변에 예금 xxx, 대변에 자본 xxx, 주식할증발행초과금 xxx과 같이 한다. 주식을 액면가 이하로 발행하는 것은 주식회사법상(→ Aktiengesetz) 허용되지 않는다. 회사채를 할증 발행했을 경우, 대변에는 만기에 상환해야 할 금액(이자 포함)을 계상해야한다. 분개는 차변에 예금 xxx, 사채할증차금 xxx, 대변에 부채(회사채 계정) xxx과 같이 한다. 반대로 할인발행차금은 → Disagio 라고 한다.

Aktie 주식

주주가 자본에 대한 지분을 인수함으로써 획득한 권리를 문서화한 유가증권을 말한다.

Aktienbuch 주주명부

주식회사의 기명주식(→ Namensaktie)을 가진 주주의 성명, 주소 및 직업이 기재된 명부를 말한다. Aktienregister 라고도 한다.

Aktienemission 주식발행

 → Emission

Aktiengesellschaft 주식회사

독자적 법인격을 가진 물적회사로서, 회사의 채무에 대해서는 오로지 회사 재산으로만 채무자에게 책임을 부담한다. 자본은 주식(→ Aktie)으로 분할되며, 주식회사를 설립하기 위한 최소 법정자본금(→ Gezeichnetes Kapital)은 50,000유로이다.

Aktiengesetz   주식(회사)법

주식회사(→ Aktiengesellschaft)와 주식합자회사(→ Kommanditge-sellschaft auf Aktien)의 설립, 권리관계 및 해산에 관해 규율한 법률을 말한다.

Aktienoption   주식매입선택권, 스톡옵션

→ Aktienoptionsprogram

Aktienoptionsprogram   스톡옵션제도

상장회사가 주로 회사의 핵심 인력들에게 부여하는 포상금제도로서, 우선 회사는 전환사채(→ Wandelanleihe)를 발행하여 대상 직원들에게 인수하게 하고, 일정 기간이 경과한 후 회사의 주가가 사전에 정한 주가(행사가격 Ausübungspreis)을 상회하면, 스톡옵션을 부여받은 직원은 전환사채를 사전에 약정한 수의 주식으로 교환하는 옵션을 행사하고, 교환된 주식을 주식시장에서 매도하여 이익을 실현한다.

Aktienregister   주주명부

→ Aktienbuch

Aktiensplit   주식분할

주식시장에서 유통되는 주식의 수가 너무 적거나, 또는 주식의 시장가치가 너무 높아서 주식시장에서의 유통이 어려울 때 행해지는 것으로서, 주식의 시장성을 높여준다. 예를 들어 1:10의 주식분할을 하면, 1주를 가진 주주는 10개의 새 주식을 무상으로 교부받게 된다. 주식분할을 하면, 주식의 수는 분할비율(Splitverhältnis)에 따라 증가하고, 그에 맞추어서 주식의 액면가는 낮아진다. 따라서 자본금의 총액에는 변동이 없다.

Aktive Rechnungsabgrenzungsposten   차변경과계정

→ Rechnungsabgrenzungsposten

Aktivkonto   차변계정

기초금액(혹은 전기이월)과 기중 금액의 증가가 차변에 기입되는 계정을 통칭해서 말한다. 자산계정, 비용계정은 차변계정이다.

Aktivtausch   차변교환거래

기업에서 일어나는 모든 회계거래(→ Geschäftsvorfälle)는 자산의 증가와 감소, 부채의 증가와 감소, 자본의 증가와 감소 및 수익의 발생과 비용의 발생이라는 8개의 거래요소로 구성되어 있다. 이러한 요소들이 서로 결합하여 회계거래를 구성하게 되고, 이에 따라 분개(→ Buchungssatz)를 하게 된다. 이를 가장 단순한 4가지 거래로 압축하여 표시하면, 차변교환거래, 대변교환거래, 차대변증가거래, 차대변감소거래로 나눌 수 있다. 이 중에서 분개시 차변계정(→ Aktivkonto)들 간의 결합으로 이루어지는 거래를 말한다. 예를 들어 현금을 지급(자산의 감소)하고, 재료를 구입(자산의 증가)한 경우이다.

ALG I   실업급여 I

실업급여 I(→ Arbeitslosengeld)의 약어

ALG II   실업급여 II

실업급여 II(→ Arbeitslosengeld)의 약어

All you can afford-Methode 지출가능액법

광고예산(→ Werbebudget)을 책정하는 방식의 하나로서, 가능한 재원을 모두 광고예산으로 잡는 방식이다. 광고예산은 가능하면 많이 지출하는 것이 좋다는 생각에 입각한 방식이다.

Allgemeine Geschäftsbedingungen 보통거래약관

장래에 체결할 계약에 적용될 모든 계약조건을 미리 작성해 놓은 것으로서, 사업자는 계약시 이를 제시하여 계약 상대방에게 일방적으로 적용시킨다. 보통 계약서 혹은 주문(신청)의뢰서 등의 뒷면에 작은 글씨로 작성해 놓는다.

Allgemeine Gleichbehandlungsgesetz 일반균등대우법

2006년 8월부터 시행되고 있으며, 누구나 인종, 민족(종족), 성별, 종교 또는 세계관, 장애, 성에 대한 정체성이 다르다는 이유로 인하여 차별적인 처우를 받는 것을 방지하고 예방할 목적으로 제정된 법이다. 이 법의 시행에 따라 사업장 내의 근로자에 대하여도 채용, 급여, 교육, 승진 등에 있어서 위에서 열거한 이유로 인하여, 차별적인 처우를 하는 것이 허용되지 않는다.

Allgemeinverbindlichkeitserklärung 일반적 구속력의 확장선언 (단체협약의)

단체협약(→ Tarifvertrag)의 효력은 원칙적으로 협약 체결의 당사자인 사용자단체에 가입한 사용자와 노동조합(→ Gewerkschaft)에 가입된 근로자에게만 미치는데, 이를 구속력범위(→ Tarifgebundenheit)라고 한다. 그러나 단체협약의 한 당사자의 신청에 의해 주경제장관이 단체협약의 효력을 확장시키는 결정을 할 수

도 있는데, 효력범위 내의 전체 근로자의 최소 50%가 단체협약
의 구속력범위에 속하는 회사들에 고용되어 있거나 그리고 일반
적 구속력 확장의 선언이 일반 공중의 이익에 부합하리라고 판
단되는 경우이다.

Altersteilzeit 조기은퇴제도

고령근로자가 은퇴 전 5~10년 동안을 단축된 근로시간(파트타
임)으로 일하면서, 은퇴 후를 대비하도록 하기 위하여 도입된 제
도이다. "50%의 노동으로 70%의 임금"이란 슬로건에서도 알 수
있듯이, 근로자는 적은 노동량으로 상대적으로 많은 임금을 받
게 되고, 또한 이를 통해 은퇴를 대비하는 시간을 가질 수 있다
는 장점이 있다. 실무에서는 소위 Block Model 이라고 하여, 은
퇴까지의 기간을 두 기간으로 나누어서, 첫 기간은 전일제로 근
무하고, 두번째 기간은 근무 면제를 하는 방식으로 근로시간을
구성한다. 그리고 급여는 10년 전기간을 통해 일률적으로 70%
를 받는다.

Amortisation 상각

무형자산에 대한 감가상각(→ Abschreibung)을 말한다.

Amtliche Lohnpfändungstabelle 급여압류대비표

→ Gehaltspfändung

Amtlicher Sachbezugswert 세무상 인정가액

회사가 근로자를 대신하여 식비를 지불할 경우(출장 중 또는 외
부 세미나 참석 중), 그 식비는 현물급여(→ Sachbezüge)에 해당
되어, 근로자의 소득에 가산되고 따라서 그만큼 근로소득세를

더 납부하게 된다. 이때 과세대상 소득은 식비 전체 가액이 아니고, 세무상 정해진 가액이 과세대상 소득이 되는데, 이때의 가액을 세무상 인정가액이라고 한다. 2009년 적용되는 세무상 인정가액을 보면, 조식은 1.53유로, 중식 2.72, 석식은 2.73유로이다. 다시 말하면, 한끼 식비가 40유로를 초과하지 않는 범위내에서 사용자가 근로자를 대신하여 식비를 지불했다면, 이때 근로자가 부담해야 할 근소세 대상 소득은, 식비 전체 금액이 아니고, 세무상 인정가액이라고 보는 것이다.

Andere Anlagen, Betriebs- und Geschäftsausstattungen 비품

→ Sachanlagen

Anforderungsprofil 직무명세서

직무기술서(→ Stellenbeschreibung)가 업무의 담당자가 수행해야 할 업무의 내용과 범위에 관하여 필요한 정보를 담고 있는 것이라면, 즉 업무 그 자체에 초점을 맞추고 있는 것이라면, 직무명세서는 모집과 선발에 있어서 충원될 직원에게 구체적으로 요구되는 스킬은 어떤 것인가 하는 것을 구체화한 자료라고 보면 된다. 즉, 업무를 수행하는 인적 요건에 초점을 맞춘 것이다.

Anhang 주석

매 회계연도말에 작성해야 할 결산재무제표(→ Jahresabschluss) 중 하나로서 대차대조표(→ Bilanz)와 손익계산서(→ Gewinn- und Verlustrechnung)의 주요 계정과목에 대해 설명해 놓은 보고서를 말한다.

Anlagespiegel   고정자산목록

고정자산의 취득(일), 매각(일), 구입가, 감가상각액, 감가상각누계액, 잔존가액 등을 내용으로 한 고정자산 관리표를 말한다. 우리나라의 고정자산 관리대장과는 내용이 다르다.

Anlagevermögen   고정자산

기업이 판매 목적이 아니라, 영업에 사용할 목적으로 장기적으로 보유하는 자산을 말한다. 무형자산(→ Immaterielle Vermögensge-genstände), 유형자산(→ Sachanlagen) 및 투자자산(→ Finanzanlagen)으로 구분된다. 대차대조표상에서의 기록 순서는 소위 고정성배열이라고 하여, 고정적인 성격의 자산을 먼저 기록한다. 우리나라의 기업회계기준은 유동성배열법(환금성이 빠른 순서대로)을 택하고 있다. 따라서 우리나라의 대차대조표는 독일과는 반대로 유동자산(→ Umlaufvermögen)이 먼저 표기되고, 고정자산은 그 다음에 표시된다.

Anleihen mit Umtauschrecht   신주인수권부사채

→ Optionsanleihe

Anschaffungskosten   취득원가 (상품의)

상품의 취득원가는 상품의 매입가액 이외에 상품 매입과 관련된 일체의 비용(→ Bezugskosten)을 모두 포함한다.

Anschaffungsnebenkosten   매입부대비용

상품의 구매와 관련하여 발생하는 비용을 말하는데, 운송비, 하역비, 보험료, 매입수수료 등을 말한다(→ Bezugskoten). 무역조건(→ Incoterms)을 CIF로 하여 상품을 수입했을 경우, 도착지 항구에서의 하역비, 항구로부터의 운송비 등이 매입부대비용에 해당된다.

Antidumpingzoll 반덤핑관세

자국에서 수출 보조금 등을 받아 지나치게 낮은 가격으로 수출함으로써, 그 상품의 수입국의 관련 산업이 타격을 받을 경우, 수입국은 자국의 국내 산업을 보호하기 위해 덤핑상품에 대하여 일시적으로 징벌적인 고율의 관세(→ Zoll)를 부과하는데, 이를 반덤핑관세라고 한다.

Arbeitgeber 사용자

근로관계를 매개로 근로자(→ Arbeitnehmer)를 채용한 모든 자연인(→ natürliche Person) 또는 법인(→ juristische Person)을 말한다.

Arbeitgeberdarlehen 대여금 (직원에 대한)

회사가 근로자에게 제공하는 현금은 말할 것도 없고, 현물을 제공하는 것 또한 현물급여(→Sachbezüge)라고 하여 모두 근로소득세 과세 대상이다. 따라서 회사가 근로자에게 이자 없이 돈을 빌려 주었다면, 그 이자는 경제적 편익(→ geldwerter Vorteil)에 해당되어 근로소득세 과세 대상이 된다. 제삼자와 거래하였다면 당연히 물었을 이자를 면제해 주었기 때문이다. 그러나 직원에 대한 대여금은 2,600유로까지는 비과세로 제공해 줄 수 있다. 2,600유로를 초과한 대여금에 관해서는 연 5% 이상의 이율을 부과하여 제공하여야 한다. 만약 이자를 부과하지 않았다면, 대여금의 5%에 해당하는 이자금액을 경제적 편익으로 보고, 급여계산시 이를 매달(5% / 12개월) 개인의 급여소득에 가산하여 과세해야 한다. 단,

매달 변제를 한 이후, 그 잔여 대여금이 2,600유로에 이를 때까지
만 과세한다.

Arbeitgeberverbände 사용자단체

1. 동종 산업 혹은 동일한 지역 내의 개별기업의 사용자(→ Arbeit-
geber)를 회원으로 하는 단체를 말한다. 산하 회원사들의 경제적
권익을 위해 그리고 단체교섭(→ Tarifverhandlung)을 진행하기
위해 조직된다.

2. 단체교섭의 당사자는 산별노조(→ Industriegewerkschaft)와 사
용자이다. 이때의 사용자는 사용자단체를 말하며, 특별한 경우
(대각선교섭)에만 개별기업의 사용자를 의미하기도 한다.

Arbeitgerberzuschuss zum Mutterschaftsgeld
사용자의 보조금 (산전후휴가급여에 대한)

1. 모성보호법(→ Mutterschutzgesetz)에 따르면, 출산 전 6주에서
출산 후 8주(조산 및 쌍둥이 출산은 12주)까지는 임산부보호기간
(→ Mutterschutzfrist)이라고 하여 근로가 금지되는데, 이 기간
동안은 건강보험조합(→ Krankenkasse)이 사용자를 대신하여 공
보험에 가입되어 있는 임신 중인 여성근로자에게 산전후휴가급
여(→ Mutterschaftsgeld)를 지급하게 된다.

2. 산전후휴가급여는 하루 13유로를 초과할 수 없다. 그러나 근
로자의 하루 순급여액이 13유로를 초과하면, 이 초과분에 대해
서는 사용자가 지급해야 하는데, 사용자가 지급하는 이 초과분
을 산전후휴가급여에 대한 사용자의 보조금이라고 한다.

Arbeitnehmer 근로자

사용자(→ Arbeitgeber)를 위해 사업장에서 근로를 제공하는 자를

말한다. 사용자의 지시에 따라 근로의 종류, 시간, 기간 및 장소
가 정해진다.

Arbeitnehmerüberlassungsvertrag 근로자파견계약

회사에서 일시적, 간헐적으로 인력을 충원해야 할 경우, 인력파
견회사(→ Zeitarbeitunternehmer)를 통한 충원이 대안으로 떠오르
게 된다. 이 경우의 계약관계는 다음과 같다: 파견근로자(→
Leiharbeitnehmer)는 인력파견회사와 근로계약을 체결한다. 즉, 파
견근로자의 법률상 사용자는 인력파견회사가 되어, 급여계산, 사
회보험 납부의무 등 노동법상의 제반 의무는 인력파견회사가 부
담한다. 인력파견회사와 사용사업주(→ Entleiher) 사이에 맺어지
는 계약에 따라, 파견근로자는 사용사업주의 지휘, 명령을 받아
회사에서 근무하게 된다. 사용사업주(회사)와 인력파견회사간에
맺어지는 이 계약을 근로자파견계약이라고 한다.

Arbeitsamt 노동사무소의 옛 명칭

→ Agentur für Arbeit

Arbeitsdirektor 노무이사

→ Montan-Mitbestimmungsgesetz

Arbeitsgericht 노동법원

노동법원은 1심 법원으로서, 각 재판부(→ Kammer)는 직업법관
인 재판장 1인과 근로자측 및 사용자측 이익을 각각 대변하는
명예판사 2인으로 구성된다. 명예판사의 임기는 5년이며, 주 법
무부 또는 주 법무부가 위촉을 위임한 기관에서 임명한다.

Arbeitskampf　노동쟁의

1. 노동쟁의란, 노동조합(→ Gewerkschaft)과 사용자단체
(→ Arbeitgeberverbände) 사이에 단체교섭(→ Tarifverhandlung)의
과정에서 상호간 주장의 불일치로 인하여 분쟁이 발생한 상태를
말한다. 이러한 분쟁상태를 자신에게 유리하게 전개시키기 위한
행위를 일컬어 쟁의행위라고 한다. 한국어로 번역할 경우, 문맥
에 따라 노동쟁의와 쟁의행위로 구분해서 표현해 주어야 그 의
미가 명확하게 전달된다.

2. 쟁의행위의 수단으로는 파업(→ Streik), 태업(→ Bummelstreik),
보이콧(→ Boykott), 직장폐쇄(→ Aussperrung) 등이 있다.

3. 사업장 내에 설립되어 있는 경영협의회(→ Betriebsrat)는 쟁의
행위의 당사자가 아니라는 것에 유의하도록 한다.

Arbeitslosengeld　실업급여

1. 고용보험(→ Arbeitslosenversicherung)에 가입된 근로자가 실업
의 상태로 되면 실업급여에 대한 청구권이 생긴다. 전제조건은
실업이 시작되기 이전 24개월 동안 고용보험에의 피보험기간이
통산하여 12개월이 되어야 한다. 이 조건이 충족되면, 실직 상태
의 근로자는 최종 순급여액(→ Nettogehalt)의 67%(자녀가 있는
경우) 혹은 60%(자녀가 없는 경우)의 실업급여를 최장 12개월간
받게 되는데, 다만, 실업급여를 산정함에 있어서도 고용보험에
적용되는　산정한도금액(→ Beitragsbemessungsgrenze)의　적용을
받는다. 말하자면, 월 총급여가 2009년 고용보험에 적용되는 산
정한도금액인 월 5,400유로를 초과하는 경우, 실업급여는 더 이

상 비례적으로 증가하지 않고, 동일한 실업급여를 받게 되는 것이다. 즉, 급여가 많다고 해서 무한대로 더 많은 실업급여를 받는 것이 아니다. 이때의 실업급여를 실업급여 I(Arbeitslosengeld I) 이라고도 부른다. 연령이 55세 이상인 고령근로자는 피보험기간에 따라 15개월에서 18개월까지 연장해서 실업급여를 받을 수 있다. 실업급여 수급의 제한과 관련해서는 휴지기간(→ Ruhenszeit)과 수급제한기간(→ Sperrzeit)이 있다.

2. 실업급여I이란 용어에 대하여, 소위 하르츠IV(→ Hartz IV)라고도 불리는 실업급여 II(Arbeitslosengeld II)란 용어가 있는데, 실업급여 II는 정부(노동사무소)에서 지급하던 실업보조금(Arbeits-losenhilfe)과 지방자치단체에서 지급하던 사회부조금(Sozialhilfe)을 2005년 1월 1일부터 통합하여 중앙정부로 이관하면서 바뀐 명칭이다. 실업보조금은 실업급여를 받지 못하는 실직자에게 주던 보조금이었고, 사회부조금은 최소한의 인간적인 생활을 위해 빈곤층에 지급되던 보조금이었다.

Arbeitslosengeld I 실업급여 I

→ Arbeitslosengeld

Arbeitslosengeld II 실업급여 II

→ Arbeitslosengeld

Arbeitslosenversicherung 고용보험

1. 독일의 4대 공보험의 하나로서, 2009년에 적용되는 보험요율은 총급여액(→ Bruttogehalt)의 2.8%로 인하되었으며, 2010년 7월부터는 3%로 오른다. 이 금액을 근로자와 사용자가 각각 50%

씩 부담한다.

2. 보험료를 산정하는데 있어서 산정한도금액(→ Beitrags-beme-ssungsgrenze)이 있는데, 2009년의 경우, 구서독지역은 월 5,400 유로이고, 구동독지역은 월 4,550유로이다. 따라서 구서독지역의 경우, 월 급여가 5,400 유로를 초과하는 근로자들은 모두 동일한 액수의 고용보험료를 납부하게 된다.

Arbeitsplatzwechsel   직무교차

인간을 직무에 맞추는 전통적인 직무설계(→ Aufgabengestaltung) 와는 달리, 현대적 직무설계는 직무를 인간에 맞추는 방향으로 전개된다. 이러한 직무설계 방법 중 하나로서 직무의 일부를 다른 업무담당자와 공동으로 수행하도록 하는 것을 말한다. 업무 수행자들간 공동작업을 하도록 함으로써, 능률도 높이고 또한 이를 통해 업무담당자가 수행할 수 있는 업무의 범위도 넓어지게 된다. 개인 수준의 직무확대(→ Aufgabenerweiterung)가 집단 간에 수평적으로 이루어지는 것으로 보면 된다.

Arbeitsverhältnis   근로관계

근로자(→ Arbeitnehmer)와 사용자(→ Arbeitgeber) 사이의 권리 관계로서, 이에 기초하여 근로자는 사용자에게 유상으로 근로를 제공할 의무를 부담한다.

Arbeitsvertrag   근로계약

근로자(→ Arbeitnehmer)가 유상으로 사용자(→ Arbeitgeber)의 지시에 따라 근로를 제공할 의무를 부담하는 계약을 말한다. 일상 에서는 보통 고용계약(→ Dienstvertrag)과 혼용해서 사용하나, 회사에서 직원을 채용할 경우의 계약은 근로계약이라고 해야 한다.

Arithmetrisch-degressive Abschreibung 연수합계법

→ degressive Abschreibung

Aufbewahrungsfrist 서류보존기간

상법(→ Handelsrecht) 및 국세징수법(→ Abgabenordnung)에 따라 회사의 영업과 관련된 주요 서류들을 보존해야 할 의무가 있는데, 이 의무보존 기간을 말한다. 회계장부(인보이스, 전표, 분개장, 원장), 결산서류(재무제표), 급여계산자료, 재고목록 등은 10년간 보존해야 하고, 상업서신(서신, 이메일)은 6년간 보존해야 한다.

Aufbewahrungspflicht 서류보존의무

회사의 영업과 관련된 주요 서류들은 상법(→ Handelsrecht) 및 국세징수법(→ Abgabenordnung)에 따라 일정기간 보존해야 할 의무가 있다. 회계장부(인보이스, 영수증, 은행잔고증명서, 분개장, 원장), 결산서류(재무제표), 급여계산명세서, 재고목록 등은 10년간 보존해야 한다. 상업서신(서신, 이메일)은 6년간 보존해야 할 의무가 있다.

Aufgabenanalyse 직무분석

직위 혹은 직무의 범위 및 내용, 직무수행에 따른 책임 소재 및 직무수행에 필요한 자격요건 등에 관해 체계적으로 정리하고 기록하는 것을 말한다. 그 직무의 담당자가 마땅히 수행해야 하고, 또한 수행해 주기를 바라는 것을 중심으로 분석하게 된다. 직무분석의 결과가 직무기술서(→ Stellenbeschreibung)와 직무명세서(→

Anforderungsprofil)이다. 이러한 직무분석을 기초로 하여, 직무평가를 하고 또한 직무설계(→ Aufgabengestaltung)를 하게 된다. 오늘날 직무분석은, 개별 직무의 내용 및 범위에 대한 미시적인 접근을 넘어, 직무를 조직의 목표에 정렬시키고 또한 기업의 경영전략에 바탕을 둔 거시적이고도 전략적인 관점에서 접근하고 있다.

Aufgabenbereicherung   직무충실

전통적인 시각에서 보면, 관리자의 역할과 업무담당자의 경계가 뚜렷하게 구분되어 있다. 직무충실이란, 이렇게 구분된 경계를 허무는 것이라고 볼 수 있는데, 즉, 업무담당자에게 그 업무의 실행뿐만 아니라, 그 업무에 대한 계획과 통제까지 함께 담당하도록 직무를 설계하는 것을 말한다. 이렇게 함으로써, 담당직원으로 하여금 높은 성취동기를 갖게 하고, 이를 통해 생산성 향상을 달성하고자 한다.

Aufgabenerweiterung   직무확대

인간을 직무에 맞추는 전통적인 직무설계(→ Aufgabengestaltung)와는 달리 현대적 직무설계는 직무를 인간에 맞추는 방향으로 전개된다. 이러한 직무설계 방법 중 하나로서, 직원이 수행하는 중심과업 이외에 수평적으로 그 과업의 외연을 확장해 나가도록 해서, 직원의 근무의욕을 높이고, 그를 통해 생산성의 향상을 꾀하고자 하는 노력을 말한다. 세분화된 과업 중의 하나만 지속적으로 수행하게 함으로써 필연적으로 나타나는 반복과 지루함의 비효율을 극복하고자 하는 것이다.

Aufgabengestaltung 직무설계

전통적인 직무설계가 인간을 직무에 맞추는 것이었다면, 현대적 직무설계는 직무를 인간에 맞추는 방향으로 전개된다. 말하자면 현대적 의미의 직무설계란, 직원이 수행하는 직무를 분석(→ Aufgabenanalyse), 평가하여 그 직무를 담당하는 직원에게 직무만족을 주고, 또한 생산성을 향상시킬 수 있도록 업무의 수행방식에 변화를 주는 것이다. 직무 수행방식에 변화를 준다는 의미에서 직무재설계라고도 부른다. 이러한 직무설계 방법에는 직무확대(→ Aufgabenerweiterung), 직무충실(→ Aufgabenbereicherung), 직무교차(→ Aufgabenwechsel), 준자율적 작업집단(→ teilautonome Arbeitsgruppe)이 있다.

Aufhebungsvertrag 근로관계 종료계약

1. 넓은 의미로는 채권관계의 종료를 위한 계약을 총칭하며, 좁은 의미로는 근로계약의 해지를 위한 근로자와 사용자간의 계약을 의미한다. 근로관계 해지계약이라고도 한다.

2. 기업 실무에서, 주로 해고예고기간(→ Kündigungsfrist)의 경과를 기다리지 않고, 사전에 근로자와 사용자 간 상호합의에 의해 근로관계를 종료시키고자 할 경우에 체결하는 계약을 말한다. 때로 해고보상금(→ Abfindung)을 매개로 하여 체결되기도 한다. 이 경우 해고보상금의 액수는 해고예고기간(→ Kündigungsfrist)의 장단에 영향을 받는다. 경우에 따라서는 이 계약의 체결에 따라, 해당 근로자가 노동사무소(→ Agentur für Arbeit)로부터 실업급여(→ Arbeitslosengeld)를 수령하는데 있어서 다소의 불이익

이 발생할 수 있다(→ Sperrzeit, → Ruhenszeit).

Auflösung 해산

법인이 본래의 목적 달성을 위한 적극적인 행위를 중단하고, 청산(→ Liquidation) 절차에 들어가는 것을 말한다. 법인의 해산 사유로는 정관에 정한 해산 사유의 발생, 주주에 의한 해산결의 (유한회사의 경우 사원(주주)총회에서 재석 의결권의 ¾의 찬성에 의해 언제든지 해산을 결의할 수 있다), 지급불능(→ Insolvenz), (재단)법인의 설립목적의 달성 등이 있다.

Aufsichtsrat 감사회

1. 독일의 자본회사(주식회사, 주식합자회사, 유한회사)의 의사결정은 세가지 기구에 의해 이루어진다. 주주(사원)총회, 감사회 및 이사회. 영미식 회사와는 달리 독일의 자본회사(→ Kapitalgesellschaft)는 주식회사법과 유한회사법에 따라 소위 복층 의사결정기구를 두고 있는데, 감사회와 이사회(→ Vorstand)가 그것이다. 이사회가 회사의 일상적인 업무를 관장하는 기관인데 반하여, 감사회는 이사회의 업무를 감독하고, 결산서류를 감사하며, 또한 이를 외부에 보고하는 업무를 주관한다. 형식상으로는 주주총회(→ Hauptversammlung)가 최고 의결기관이지만, 실질적으로 독일 회사의 감사회는 이사회의 이사에 대한 임면(임명과 해임) 권한이 있는 명실상부한 최고 의결기관이다.

2, 공동결정법(→ Mitbestimmungsgesetz)의 적용을 받느냐 혹은 그렇지 않느냐에 따라서 감사회의 구성이 달라지는데, 공동결정법의 적용을 받지 않는 기업의 경우, 주식회사법 제95조에 따라,

감사회는 최소 3인의 감사회 위원(Aufsichtsratsmitglieder)으로 구성되는데, 감사회 위원의 수는 납입자본(→ Grundkapital)의 크기에 따라 정해지며(최고 21명), 감사회 위원의 수는 3배수여야 한다. 광산업공동결정법(Montan-Mitbestimmungsgesetz) 및 공동결정법의 적용을 받는 기업의 감사회는 노사 동수의 위원과 중립적 인사로 구성된다.

Aufstellungsfrist 작성기한 (결산장부의)

모든 회사는 상법 제242조 및 제264조에 따라, 매 회계연도말에 결산재무제표(→ Jahresabschluss)를 작성해야 할 의무를 부담하는데, 소기업의 경우 회계연도 경과 후 6개월(확정은 11개월) 이내에, 그리고 중·대기업은 3개월(확정은 8개월) 이내에 결산재무제표를 작성해야 한다.

Aufstellungspflicht 작성의무 (결산장부의)

모든 회사는 상법 제242조 및 제264조에 따라, 매 회계연도말에 결산재무제표(→ Jahresabschluss)를 작성해야 한다.

인적회사(→ Personengesellschaft)의 경우, 주석(→ Anhang)을 작성할 의무가 없다.

Aufwendungen 비용

주요 경영활동으로서의 재화의 생산, 판매 및 용역의 제공 등에 따른 경제적 효익의 유출 및 소비를 말한다. 이는 자산의 감소 또는 부채의 증가 및 그 결과에 따른 자본의 감소로 나타난다. 기간손익(→ Periodenergebnis)을 측정하기 위해 한 회계연도 이내의 수익과 비용을 대응시킬 때 사용하는 개념이므로, 수익과 비용이 귀속되는 기간의 개념을 염두에 두어야 한다.

Aufwendungsausgleichgesetz 사용자비용보전법

임산부보호기간(→ Mutterschutzfrist)에 적용되는 여성근로자의 근로금지(→ Beschäftigungsverbot) 규정으로 인하여 발생하는 사용자의 비용을 보전하기 위해 급여계속지급보험(→ Entgeltfortzahlungsversicherung)에 의무적으로 가입하도록 규정한 법이다.

Ausfuhrumsatzsteuer 수출부가세

재화를 수출하는 경우, 수출국과 수입국에서 부가가치세를 각각 과세하게 되면, 동일 재화에 대해 이중과세가 된다. 이를 방지하기 위해, GATT의 소비지 과세원칙에 따라 수출에 대해서는 영세율(세율 0%)이 적용된다. 면세일 경우에는 매입부가세액이 환급되지 않으나, 영세율이 적용되는 경우에는 납부한 매입부가세액을 환급 받을 수 있다.

Ausfuhrzoll 수출관세

수출하는 물품에 대해 관세를 부과하는 것으로서, 국내에 희소한 자원 등이 해외로 수출되는 것을 막기 위해 부과된다. 수출관세가 부과되는 것은 아주 드문 경우이다.

Ausgaben 지출

유동성이 가장 높은 현금과 예금 감소(지급)만을 의미할 때는 Auszahlungen이란 표현을 사용하고, 여기에 단기채무의 증가까지 고려할 때 지출(Ausgaben)이라는 표현을 사용한다. 그러므로 현금의 지출만을 말할 때는 두 용어가 동일한 의미로 사용된다.

Auslandsreise-Krankenversicherung 해외출장 건강보험

해외 출장 중의 상병으로 인하여 발생하는 의료 비용에 대비해 가입하는 보험이다. 출장이 잦은 직원들을 대상으로 가입한다. 사보험에 가입한 주재원들의 경우는 보험의 범위에 이미 해외에서의 의료 비용도 포함되기 때문에 별도로 가입할 필요가 없다.

Außerordentliche Kündigung 즉시해고

1. 해고에는 일반해고(→ ordentliche Kündigung)와 즉시해고가 있는데, 해고예고기간(→ Kündigungsfrist)이 있느냐 혹은 없느냐를 기준으로 구별한다.

2. 즉시해고의 경우는 위반의 사안이 중대하여, 해고예고기간을 준수할 필요없이 즉각 해고를 할 수 있는 경우에 사용하는 용어인 반면에 일반해고는 우선 해고의 사유가 존재해야 함은 말할 것도 없고 또한 해고통지를 함에 있어서 해고예고기간을 준수하여 통지를 하여야 그 해고가 적법해지는 경우에 사용한다.

Aussperrung 직장폐쇄

근로자에 의한 파업(→ Streik)이라는 쟁의행위(→ Arbeitskampf)의 대척점에 사용자에 의한 직장폐쇄가 있다. 이 경우 근로자는 사업장에의 출입이 봉쇄되고, 또한 근무를 하지 못함으로 해서 임금의 지급이 중지되어, 경제적인 압박을 받게 된다. 근로자의 파업에 대한 사용자의 대응으로 행해진다.

Auszubildende(r) 직업훈련생

독일의 직업훈련제도는 실습과 이론을 병행하는 소위 이원제도(Duales Berufsbildung)로 운영되고 있는데, 직업학교 3년의 전과정을 통해서 매년 3개월(6주씩 2번) 가량은 학교에 등교하여 이론 수업을 받고, 나머지 기간은 기업에서 실제로 근무하면서 업무를 배우게 된다. 직업의 종류에 따라 직업학교의 기간(과정)은 다소 상이하다.

Avalkredit 지급보증크레딧

회사와 은행간의 약정에 따라, 회사는 은행에 약정된 수수료(→ Avalprovision)를 지급하고, 은행은 회사의 고객에 대해 향후 야기될 회사의 채무에 대해 지급 보증을 하게 되는데, 이를 지급보증크레딧이라고 한다. 실제 돈이 지급되는 것이 아니고, 지급보증을 약속하는 서류를 발급하게 된다. 해당 은행에 차월한도가 있다면, 그 한도 이내에서 지급보증크레딧과 연계하여 사용하는데, 지급보증에 대한 수수료는 통상의 차월이자보다 훨씬 낮다.

Avalprovision 지급보증크레딧수수료

→ Avalkredit

Azubi 직업훈련생

→ Auszubildende(r)의 약어

[$\mathcal{B}$]

Bankguthaben 예금

부기에서는 어느 은행에 얼마의 예금이 있는지 표시하기 때문에
단순히 Bank라고도 표기한다.

Barrabatt 현금할인

가격할인 전략(→ Rabattpolitik)의 하나로서 현금으로 구입할 경
우 가격을 할인해 주는 것을 말한다.

Befristeter Arbeitsvertrag 기간제 근로계약

기간의 제한이 없는 무기근로계약(→ unbefristeter Arbeitsvertrag)
에 대하여 기간의 제한이 있는 근로계약(→ Arbeitsvertrag)을 말
한다. 기간제 근로계약은 법률에 따라 예외적인 경우에만 허용
이 되는데, 단시간근로 및 기간제근로계약에 관한 법률에 명시
된 객관적 사유가 존재할 경우, 제한없이 기간제 근로계약을 체
결할 수 있다. 또한 최초 고용일 경우에 적용되는 예외 규정이
있는데, 이에 따르면 이전에 어떤 형태의 근로관계도 맺지 않은
최초 고용의 경우에는, 위 객관적 사유의 존재 유무와 상관없이
2년을 초과하지 않는 범위 내에서 최고 3번까지 계약을 갱신해
서 기간제 근로계약을 체결할 수 있다.

Beitragsbemessungsgrenze 산정한도금액

1. 4대 공보험의 보험료 산정시 각각의 보험요율에 따라 보험료가 산정되는데, 보험료 산정의 기준이 되는 것은 총급여액(→ Bruttogehalt)이다. 그러나 이 사회보험료는 총급여액이 늘어날수록 비례적으로 계속 늘어나는 것이 아니고, 일정한 한도금액까지만 계산을 하게 되는데, 매년 공시되는 이 금액을 사회보험료 산정시의 산정한도금액이라고 한다.

2. 2009년의 경우, 구서독지역(구동독지역)의 연금보험 및 고용보험의 보험료 산정을 위한 산정한도금액은 월 5,400(4,550)유로이다. 건강보험과 간병보험에 대한 산정한도금액은 구서독지역과 구동독지역의 구별없이 월 3,675유로이다. 즉, 월 급여액이 이 산정한도금액에 이를 때까지는 보험료가 비례적으로 늘어나지만, 월 급여액이 산정한도금액을 초과하게 되면, 보험료는 더 이상 급여에 따라 증가하지 않고 동일하게 된다.

Belegschaft 종업원, 직원 (집합 개념)

개개의 종업원(직원)이 아닌, 전체 종업원(직원)을 일컫는 집합적 개념이다. 영어의 workforce에 해당한다.

Belegschaftsaktien 우리사주

종업원이 자사의 주식을 소유하게 하는 제도를 종업원지주제(ESOP: Employee Stock Ownership Plan)라 하며, 이때 발행되는 또는 종업원에 의해 매수된 주식을 우리사주라 한다.

Beratungsrecht 협의권

경영협의회(→ Betriebsrat)에 부여된 경영참여권(→ Beteiligungsrecht)

의 하나로서 사용자 측에 대하여 어떤 사안에 관하여 경영협의회와 협의를 할 것과 대안에 대해 청취를 하고, 때에 따라서는 경영협의회가 솔선하여 제안을 할 수 있는 권한을 말한다(청문권 및 제안권을 포함). 그러나 이러한 사안에 대해 강제적 공동결정권(→ Mitbestimmungsrecht)이 부여되어 있지 않다면, 그 최종 결정은 사용자가 단독으로 할 수 있다.

Bereitstellungsprovision 차월약정(기본)수수료

예금주가 은행과 당좌차월계약(→ Kontokorrentvertrag)을 체결하고, 예금 잔액을 초과하여 일정 한도까지 자금을 사용할 수 있는데, 이 초과 사용분을 당좌차월(→ Kontokorrentkredit)이라고 한다. 이때 세 가지 비용이 드는데, (1) 실제 당좌차월로 사용한 부분에 대한 연이자, (2) 사전에 약정한 한도를 초과하여 인출할 경우, 차월한도초과가 되고, 그 초과분에 대하여 지급하는 차월한도초과수수료(→ Überziehungsprovision), 그리고 (3) 약정한 한도와 실제 사용한 당좌차월과의 차액에 대한 수수료가 바로 차월약정수수료이다. 즉, 약정한 한도 중에서 실제 차월을 한 부분에 대해서는 위 (1)의 비용을 부담하고, 그렇지 않은 부분에 대해서는, 실제 차월을 하지 않았지만 그렇더라도 기본수수료를 지급해야 한다. 대략 연 0,5%의 수준이다.

Berufung 항소

항소란 1심판결에 대한 2심판결에의 상소를 말한다.

Beschäftigungsgrad 손익분기점비율

손익분기점매출(→ break-even-Umsatz)을 현재의 매출액으로 나누어 계산한 비율을 손익분기점비율이라고 한다. 현재의 매출액이 손익분기점매출을 어느 정도 상회하는가를 보여주는 것으로, 손익분기점비율이 높을수록 현재 매출액이 조금만 감소하더라도 손익분기점(→ break-even-Punkt)에 도달할 가능성이 높다는 것을 말하기 때문에 경영의 안정도가 낮다는 것을 말한다. 즉, 손익분기점비율이 95%라는 것은 매출액이 5% 이상 감소하면, 적자가 된다는 뜻이다.

Beschäftigungsverbot   근로금지

모성보호법(→ Mutterschutzgesetz)에 따르면, 출산 전 6주에서 출산 후 8주(조산 및 쌍둥이 출산은 12주)까지는 임산부보호기간(→ Mutterschutzfrist)이라고 하여, 임산부의 근로가 금지된다.

Beschwerde   항고

판결 이외 재판의 결정 및 처분에 대하여 당사자 또는 제삼자가 이의를 제기하여 상급심에 그 취소 또는 변경을 해 줄 것을 상소하는 것을 말한다.

Bestandskonto   대차대조표계정

자산계정, 부채계정 및 자본계정을 통칭하여 말한다. 손익계산서계정(→ Erfolgskonto)과 달리 대차대조표계정은 한 회계기간이 종료된다 하더라도, 잔액이 제로로 되지 않고 계속해서 잔액을 유지하게 된다. 즉, 대차대조표계정의 잔액은 다음 회계기간으로 이월(→ Vortrag)시켜야 한다.

Bestätigungsvermerk   감사의견 (외부감사인의)

외부감사(→ Wirtschaftsprüfung)를 실시한 후, 그 결과에 대해

외부감사인(→ Abschlussprüfer)이 표명하는 평가의견을 말한다. 적정의견(→ uneingeschränkter Bestätigungsvermerk), 한정의견(→ eingeschränkter Bestätigungsvermerk) 및 부적정의견(→ Versagungs-vermerk)이 있다.

Bestimmungslandprinzip　도착지기준

EU 역내의 한 국가에서 다른 국가로의 재화의 이동에 대해서는 부가세가 부과되지 않는다. 다만, 재화를 인도받는 도착지에서 부가세가 부과된다는 전제하에서 그렇다. 이것을 도착지기준이라고 하는데, 이러한 전제를 충족시키는 기능을 하는 것이 부가세 ID번호(→ Umsatzsteuer-Identifikationsnummer) 혹은 부가세 식별번호이다.

Beteiligungsrecht　경영참여권

1. 경영조직법(→ Betriebsverfassungsgesetz)에 따라 경영협의회(→ Betribesrat)에 부여된 권한을 총칭한 것이다. 경영협의회는 인사와 관련된 사안, 사회적 사안 및 회사의 경영과 관련된 사안에 있어서 단순한 정보권(→ Informationsecht)에서부터 협의 / 청문 / 제안권(→ Beratungsrecht), 강제적 공동결정권(→ Mitbestimmungs-recht)까지 단계적인 경영참여권을 보장 받는다.

2. 우리가 일반적으로 말하는 독일의 공동(의사)결정(Mitbestimmung)은, 경영조직법에 따라 경영협의회에 부여된 공동결정권을 통해서 그리고 공동결정법(→ Mitbestimmungsgesetz)에 따라 감사회(→ Aufsichtsrat)를 구성하는 근로자 대표에 의해서 이루어지는 것이다.

Betriebliche Altersversorgung 기업노령연금(제도)

1. 독일의 노령연금제도는 크게 세 가지로 이루어져 있다. 공적 연금보험(→ Rentenversicherung), 기업노령연금제도 그리고 사보험이 그것이다. 기업노령연금제도는 기업이 주체가 되어 근로자를 위해 운영하는 연금제도로서, 주로 직접보장(→ Direktzusage), 연금공제조합(→ Pensionskasse), 연금기금(→ Pensionsfonds) 및 직접보험(→ Direktversicherung)의 형태를 통해 운영되고 있다.

2. 국가 연금기금의 수급 불균형에 따른 문제를 보완하기 위하여, 국가는 기업에 의한 연금보험제도에 각종 세제상의 혜택을 부여해 주고 있다.

Betriebliche Übung 경영관행

1. 주로 보너스(→ Gratifikation)의 지급 등 사용자가 근로자들에게 부여하는 혜택 등이 매년 반복되어 일정한 횟수(대략 3회, 즉 3년 계속해서 지급) 이상이 되면, 이러한 보수의 지급이 당연한 것으로 의제되어 관행으로 받아들여지는데, 이를 경영관행이라 한다.

2. 이러한 관행과 관련하여 분쟁이 발생할 경우, 근로자가 사용자에게 지금까지와 마찬가지로 보수를 계속 지급해야 할 것을 요구하는 근거가 되고, 이는 노동법원(→ Arbeitsgericht)에 의해서도 받아들여지고 있다.

Betriebsänderung 경영변동

1. 경영조직법(→ Betriebsverfassungsgesetz)에 따라, 경영협의회(→ Betriebsrat)는 인사와 관련된 사안, 사회적 사안 및 회사의 경

영과 관련된 사안에 있어서 단순한 정보권(→ Informationsecht) 에서부터 협의 / 청문 / 제안권(→ Beratungsrecht), 강제적 공동결정 권(→ Mitbestimmungsrecht)까지 단계적인 경영참여권(→ Beteiligungsrecht)을 보장 받는다. 같은 법 제111조에 따르면, 상시 근로자가 21인 이상인 회사의 경우, 사용자는 계획 중인 경영변동에 관해 경영협의회에 사전에, 충분한 자료와 함께 통보하고 협의해야 한다.

2. 여기서 말하는 경영변동이란, 전체 공정 또는 주요 공정의 조업 제한 및 중단, 전체 사업장의 이전 혹은 일부 주요 사업장의 이전, 사업장의 통합 또는 사업장의 분할, 경영조직 또는 사업목적 또는 설립의 대대적인 변경, 작업방식 및 생산방식의 획기적 변경을 말한다.

Betriebsausgaben 영업비용

판매관리비, 인건비, 매출원가 등 기업의 주된 영업활동으로부터 발생한 비용(→ Aufwendungen)을 말한다. 소득세법상 개념으로서 세무조정시 이익을 감소시키는 비용 중에서 손금불산입(nicht abzugsfähig)되는 비용을 제외한 비용을 말한다.

Betriebsbedingte Kündigung 기업 경영상의 사유에 의한 일반해고

1. 해고제한법(→ Kündigungsschutzgesetz)에 따르면, 사용자가 근로자를 해고할 경우 반드시 정당한 사유를 제시해야 하며, 이러한 정당한 해고 사유없이 행한 해고는 부당해고가 되어 무효가 된다.

2. 정당한 해고 사유에 의한 일반해고(→ ordentliche Kündigung) 는 i) 일신상의 사유에 의한 일반해고(→ personenbedingte Kündi-

gung) ii) 행태상의 사유에 의한 일반해고(→ verhaltensbedingte Kündigung) iii) 기업경영상의 사유에 의한 일반해고로 나눌 수 있다. 3. 기업 경영상의 (긴박한) 사유란, 기업의 대내외적인 환경 변화, 즉 매출의 감소, 계약의 감소, 기업의 구조조정, 휴업 등의 사유로 회사가 더 이상 해당 직원의 고용을 유지할 수 없는 경우를 말한다.

Betriebseinrichtungskosten 개업비

1. 회사를 설립해서 실제 영업을 개시할 때까지 드는 비용으로서, 당기의 비용으로 계상하지 않고 5년에 걸쳐 매기 상각이 허용된다. 끝에 비자가 붙어서 비용으로 보이나, 손익계산서가 아닌 대차대조표의 자산란에 표기된다. 지출의 효과가 당기에 그치지 않고, 차기 이후에도 미치기 때문에 지출한 연도의 비용으로 하지 않고, 차기 이후의 비용으로 분배하기 위하여 당기에 자본화하여 자산으로 계상하는 것이다. 비용성 자산이라고 할 수 있다. 우리나라 회계에서 말하는 자본화라는 용어의 의미는, 자본금과 관계있는 것이 아니고 자본적지출(차기 이후에 걸쳐 기업의 영업에 경제적 효익을 제공할 자산에 지출하는 것)에 해당되어 자산에 올린다는 의미를 말한다. 자산화(Aktivierung)한다고 하면 더 분명해 질텐데, 다소 혼란을 주는 용어이다. 이에 반해 창업비(→ Gründungskosten)는 자본화할 수 없고, 당기의 비용으로 처리한다.

2. 우리나라 회계에서는 개업비와 창업비 모두 이연자산(신주발행비, 연구개발비도 포함)이라고 하여, 당기에 자본화하고, 최고 5년 이내에 상각하도록 하고 있다.

Betriebshaftpflichtversicherung 사업장 책임보험

→ Haftpflichtversicherung

Betriebsrat 경영협의회

1. 독일 회사의 근로자는 회사의 일상적인 운영에 있어서도 회사 경영에 간접적으로 참여하는 길이 열려 있는데, 이것은 경영조직법(→ Betriebsverfassungsgesetz)에 따라 회사의 경영에 폭넓은 경영참여권(→ Beteiligungsrecht)을 부여받고 있는 경영협의회를 통해 이루어진다.

2, 선거권 있는 근로자가 5인 이상(이중 3인 이상이 피선거권 있는 근로자여야 한다)인 사업장에서는 자유로이 경영협의회를 설립할 수 있다. 선거권 있는 근로자라 함은, 만 18세 이상의 모든 근로자를 말하고, 피선거권 있는 근로자라 함은 재직기간이 6개월을 경과한 모든 근로자를 말한다.

3. 경영협의회의 설립은 전적으로 근로자의 자의에 의한 사안으로서, 사용자(→ Arbeitgeber)가 여기에 일체 개입할 수 없으며, 이를 위반할 경우 경영조직법 제119조에 따라 최고 1년의 징역 혹은 벌금형을 선고받을 수 있다.

4. 경영협의회는 개별 사업장에 속하는 근로자의 근로조건 등에 관한 사회, 경제적 이해관계를 대변하는 기구로서, 노사간 단체교섭(→ Tarifverhandlung)의 당사자가 아니며, 따라서 노동쟁의(→ Arbeitskampf)에 참가하는 것이 허용되지 않는다. 노사간 단체협약 및 쟁의행위의 근로자측 당사자는 노동조합(→ Gewerkschaft)이다.

Betriebstreue　충실의무

근로자의 의무를 크게 나누면, 근로제공의무와 충실의무로 구분할 수 있다. 충실의무의 범위는 근로관계(→ Arbeitsverhältnis)의 내용에 따라 개별적, 구체적으로 판단해야 하나, 대체로 사용자의 지시, 명령에 따라야 한다는 명령이행의무, 직무전념의무, 비밀유지의무(Geheimhaltungspflicht), 경업금지(Wettbewerbsverbot)의무 등을 포함한다고 본다.

Betriebsurlaub　대체휴가제

연차휴가에 대한 근로자의 시기 지정권을 일시 배제하고, 합의에 의해 특정일, 연말 휴가철 혹은 특히 여름 휴가철에 전체 근로자들로 하여금 휴무하게 하는 제도를 말한다. 연차휴가대체제도라고도 한다.

Betriebsveranstaltung　사내행사

개별 직원에 대한 경제적 편익(→ geldwerter Vorteil)의 제공은 각 직원의 근로소득에 합산되어 과세되는 것이 원칙이다. 그러나 경제적 편익의 제공이 사내행사에서 이루어진 것이라면 그 경제적 편익의 제공은 비과세 대상이 된다. 행사가 사내행사로 인정이 되기 위해서는, 그 행사가 전체 직원을 대상으로 한 통상적인 회사의 행사일 것과 그러한 통상적인 행사에 어울린다고 보이는 용도에 지출한 것이어야 한다. 직원을 대상으로 하는 창립기념행사, 크리스마스 파티, 직원 야유회 등 회사의 공식적인 행사는 사내행사로 인정된다. 또한 직원 일인당 지출 금액이 110유로를 초과하지 않아야 통상적인 사내행사로 인정이 된다.

Betriebsvereinbarung   사업장협약

1. 사업장협약은 경영조직법(→ Betriebsverfassungsgesetz)에 따라 경영협의회(→ Betriebsrat)에 부여된 공동결정권(→ Mitbestimmungsrecht)을 개별기업 내에서 구체적으로 실현하는 수단이다. 사업장협약은 사용자(→ Arbeitgeber)와 경영협의회 간에 서면으로 합의하여, 상호 서명함으로써 체결된다.

2. 사업장협약은 두 가지로 대별될 수 있는데, 사회적, 인사적 및 경제적 사안에 대해 경영협의회에 공동결정권이 부여된 사안에 대해 맺은 강행적 사업장협약(법률과 같이 강행적, 직접적인 효력을 가진다)과 그렇지 않은 임의적 사업장협약으로 나눌 수 있다.

3. 대부분의 기업들은 회사를 운영함에 있어서, 사업장협약이란 이름으로 노사간 합의된 내용을 문서화하여 시행하고 있는데, 이 중에서 특히 경영협의회에 공동결정권이 부여된 사안에 대한 사업장협약은 법률과 같은 효력을 갖는다고 이해하면 된다.

Betriebsverfassungsgesetz   경영조직법

감사회(→ Aufsichtsrat)의 구성을 통하여 근로자에게 회사의 경영에 직접적으로 참여할 수 있는 기회를 부여하고 있는 공동결정법(→ Mitbestimmungsgesetz)과는 달리, 회사의 일상적인 운영에 있어서도 독일 회사의 근로자는 회사의 경영에 간접적으로 참여하는 길이 열려 있는데, 이 역시 독일 기업에 특유한 경영협의회(→ Betriebsrat)를 통해 이루어지며, 이 경영협의회에 폭넓은 경영참여권(→ Beteiligungsrecht)을 부여하고 있는 원천이 바로 경영조직법이다. 이러한 경영협의회의경영참여권은 주로 사업장협약(→ Betriebsvereinbarung)을 통해 구체화된다.

Bewertung des Endbestands 기말재고자산의 평가

1. 상품매매거래시 거래발생 시점마다 매출원가를 인식하지 않고, 기중에는 매출만을 기록하고, 매출원가는 기말에 일괄하여 산출한다. 즉, 기말에 기말재고액을 산출하여 이를 통해(기초재고액, 당기매입액과 수량은 상품재고장을 통해 이미 알고 있으니) 매출원가를 산정하는 것이다. 이와 같이 기말재고액을 산출하는 절차를 기말재고자산의 평가라고 한다.

2. 결산시 재고자산(→ Vorräte)의 평가는 두 단계로 이루어진다. 첫째, 재고자산의 수량을 파악하고, 둘째 파악된 기말재고자산의 가액를 평가하는 것이다.

3. 수량을 파악하는 방법에는 계속기록법, 실지재고조사법 그리고 이 두가지를 혼합한 혼합법이 있다. 상품재고장(→ Lagerkartei)을 통해 재고자산의 입출고를 수량, 단가별로 계속해서 관리해 나가는 것이 계속기록법이고, 실제로 재고조사(Inventur)를 통해 수량을 파악하는 것이 실지재고조사법이다. 이 두가지 개별 방법의 단점을 보완하기 위하여 두가지를 병행해서 하는 것이 혼합법이다. 정확한 수량 파악을 위해서는 혼합법을 사용해야 한다.

4. 파악된 기말재고자산의 가액를 평가하는 방법(물량의 흐름에 대한 가정)으로는 선입선출법(→ FIFO), 후입선출법(→ LIFO), 평균법(→ Durchschnittsverfahren)이 있다. 이와 같은 평가방법을 사용하는 이유는, 동일한 상품을 서로 다른 가격으로 매입하였을 경우, 많은 종류의 재고자산을 일일이 가격표를 붙여 관리하기

에는 한계가 있기 때문이고, 또한 판매된 상품의 단가(매출원가)를 얼마로 할 것인지 문제가 되기 때문이다. 기말재고자산의 평가로 일단 채택된 방법은 정당한 사유가 없는 한 계속적으로 적용(→ Stetigkeitsgebot)해야 한다. 왜냐하면 평가 방법에 따라 기간손익(→ Periodenergebnis)에 영향을 미치기 때문이다.

Bezugskosten 매입부대비용

상품의 구매와 관련하여 발생하는 비용을 말하는데, 운송비, 하역비, 보험료, 매입수수료 등을 말한다. 무역조건(→ Incoterms)을 CIF로 하여 상품을 수입했을 경우, 도착지 항구에서의 하역비, 항구로부터의 운송비 등이 매입부대비용에 해당된다.

Bezugsrecht 신주인수권

새로이 발행되는 주식을 다른 사람보다 먼저 매입할 수 있는 권리를 말한다. 주주지분의 희석화(→ Kapitalverwässerung)를 방지하기 위한 대책으로서 기존의 주주에게 부여된다. 신주인수권부사채(→ Optionsanleihe)는 이 신주인수권이 추가적으로 부여된 사채를 말한다.

BGB 민법전

민법전(→ Bürgerliches Gesetzbuch)의 약어

Bilanz 대차대조표

1. 한 회계연도말의 재산 상태에 관한 재무정보를 담은 보고서로서, 차변(→ Soll)과 대변(→ Haben)을 비교해 놓은 보고서를 말한다. 회계결산(→ Jahresabschluss)시 손익계산서(→ Gewinn- und Verlustrechnung) 및 주석(→ Anhang)과 함께 작성해야 한다.

2. 개괄적으로 설명하면, 대차대조표의 대변으로부터는 회사의 운영에 필요한 자금의 원천(자기자본→ Eigenkapital 및 타인자본→ Fremdkapital)에 관한 정보를 알 수 있고, 차변으로부터는 이 자금을 어떻게 사용(자금의 운용)했는지에 대한 정보를 알 수 있다.

3. 우리나라의 회계기준에 의하면, 회계결산(→ Jahresabschluss)시 의무적으로 작성해야 하는 재무제표에는 대차대조표, 손익계산서, 이익잉여금처분계산서 및 현금흐름표가 포함된다.

Bilanzgewinn   대차대조표이익

우리나라 회계에는 없는 개념이다. 이익잉여금처분계산서상의 미처분이익잉여금(전기이월이익잉여금+당기순이익)에서 당기의 이익잉여금 적립액(Einstellungen in Gewinnrücklagen)을 차감한 금액을 말한다.

Bilanzkennzahlen   재무비율

재무제표상의 개별 항목간의 비율을 구해서, 그 기업의 재무상태나 경영성과를 분석하고 판단하는 것을 재무비율분석이라고 한다. 재무비율은 크게 나누어서 유동성비율(→ Liquiditätskennzahlen), 활동성비율(→ Kennzahlen zur Umschlagshäufigkeit), 수익성비율(→ Rentabilitätskennzahlen) 및 안정성비율(→ Kennzahlen zur Kapitalstruktur)로 구분할 수 있다.

Bilanzstichtag   대차대조표일

어느 특정 시점의 회사의 재산상태에 관한 재무 정보를 담은 보고서를 대차대조표(→ Bilanz)라고 하며, 이 대차대조표를 작성한 시점을 대차대조표일이라고 한다. 12월 결산법인의 경우 12월

31일이 대차대조표일이 되고, 3월 법인의 경우 3월 31일이 대차대조표일이 된다.

Bilanzsumme 총자산 또는 총자본

대차대조표의 차변 합계액 또는 대변 합계액을 말한다. 우리말로는 차변 합계액은 총자산, 그리고 대변 합계액은 총자본이라고 상황에 따라 달리 표기해야 한다.

Bilanzverkürzung 차대변감소거래

기업에서 일어나는 모든 회계거래(→ Geschäftsvorfälle)는 자산의 증가와 감소, 부채의 증가와 감소, 자본의 증가와 감소 및 수익의 발생과 비용의 발생이라는 8개의 거래요소로 구성되어 있다. 이러한 요소들이 서로 결합하여 회계거래를 구성하게 되고, 이에 따라 분개(→ Buchungssatz)를 하게 된다. 이를 가장 단순한 4가지 거래로 압축하여 표시하면, 차변교환거래, 대변교환거래, 차대변증가거래, 차대변감소거래로 나눌 수 있다. 이 중에서 분개시 차변금액과 대변금액을 동시에 감소시키는 거래를 말한다. 예를 들어, 현금을 지급(자산의 감소)하여, 매입채무를 상환(부채의 감소)한 경우이다.

Bilanzverlängerung 차대변증가거래

기업에서 일어나는 모든 회계거래(→ Geschäftsvorfälle)는 자산의 증가와 감소, 부채의 증가와 감소, 자본의 증가와 감소 및 수익의 발생과 비용의 발생이라는 8개의 거래요소로 구성되어 있다. 이러한 요소들이 서로 결합하여 회계거래를 구성하게 되고, 이에 따라 분개(→ Buchungssatz)를 하게 된다. 이를 가장 단순한

4가지 거래로 압축하여 표시하면, 차변교환거래, 대변교환거래, 차대변증가거래, 차대변감소거래로 나눌 수 있다. 이 중에서, 분개시 차변금액과 대변금액을 동시에 증가시키는 거래를 말한다. 예를 들어, 외상(부채의 증가)으로 재료를 구입(자산의 증가)한 경우이다.

Bilanzverlust 대차대조표손실

우리나라 회계에는 없는 개념이다. 결손금처리계산서 상에서 처리전결손금(당기순손실＋전기이월결손금)에서 당기의 이익잉여금이입액(Entnahmen aus Gewinnrücklagen)을 가산한 금액을 말한다.

Bildungsurlaub 교육휴가

1. 각 주별로 자체의 교육휴가법(Bildungsurlaubsgesetz)에 따라 유급 교육휴가를 보장해 주고 있다. 취지는 민주시민으로서의 시민의식의 함양과 개인의 자아실현을 위한 교육의 기회를 주고자 하는 것이다.

2. 각 주별로 자체의 법을 두고 있지만, 그 내용은 거의 대동소이한데, 주 5일 근무 기준으로 연속 2년간 10일의 유급 교육휴가를 부여하도록 하고 있다. 연속 2년간의 의미는 교육휴가를 분산하기 위한 규정으로서, 예를 들어 07년에 3일의 교육휴가를 사용하고, 08년에 7일을 사용한다면, 연속 2년간 10일 이내이므로 법규정에 부합한다. 그러나 09년에 다시 5일을 사용한다면, 이제는 연속 2년간 12일이 되므로 규정을 초과하게 된다. 따라서 09년의 유급 교육휴가는 3일을 초과해서는 안된다.

3. 각 교육기관(사설학원 포함)의 커리큘럼에는 교육휴가로 인정

되는 강좌라는 것을 별도로 표시(예: anerkannt als Bildungsurlaub: 교육휴가로 인정되는 강좌)해 두고 있다.

Boni 할인 (사후적)

계속된 거래로 인해 거래액이 일정액을 초과하게 되면, 사후적으로 가격할인을 해 주겠다고 약정을 할 수 있는데, 이때 사후적으로 적용해 주는 할인을 말한다.

Bonusaktien 무상주

→ Gratisaktien

Boykott 보이콧

노동쟁의(→ Arbeitskampf)란 노동조합(→ Gewerkschaft)과 사용자단체(→ Arbeitgeberverbände)간에 단체교섭(→ Tarifverhandlnung)의 과정에서 상호간 주장의 불일치로 인하여 분쟁이 발생한 상태를 말하는데, 보이콧이란 근로자가 이러한 분쟁상태를 자신에게 유리하게 전개시키기 위해 행하는 쟁의행위(→ Arbeitskampf)의 한 수단으로서, 사용자의 고객이나 사용자와 거래관계에 있는 자에게 사용자와 거래를 하지 말도록 호소하는 것을 말한다.

Break-even-Analyse 손익분기점분석

매출액과 원가가 동일해서 이익이 제로가 되는 상태, 즉 손익이 나누어지는 분기가 되는 채산점을 손익분기점(→ break-even-Punkt)이라고 하는데, 이 손익분기점을 이용하여 목표이익, 매출액, 가격 그리고 비용의 상관관계를 시뮬레이션해 봄으로써 단기이익계획을 수립하는 방식을 손익분기점분석이라고 한다.

Break-even-Punkt 손익분기점

손익분기점분석(→ break-even-Analyse)에서 사용되는 개념으로서, 매출액과 원가가 동일해서 이익이 제로가 되는 상태, 즉 손익이 나누어지는 분기가 되는 채산점을 손익분기점이라고 한다. 손익분기점에서는 공헌이익(→ Deckungsbeitrag)과 고정비가 일치한다.

Break-even-Umsatz 손익분기점매출

손익분기점분석(→ break-even-Analyse)에서 사용되는 개념으로서, 손익분기점(→ break-even-Punkt)에서의 매출액을 말한다.

Briefkurs 매도율, 매도가

1. 은행이 고객에게 외화를 매도하는 환율을 말한다. 반대로 매입율은 → Geldkurs라고 한다.
2. 유가증권 등의 보유자가 그 유가증권을 팔고자 오퍼하는 가격을 말한다.

Bruttogehalt 총급여(액)

순급여(→ Nettogehalt)에 대한 개념으로서, 근로소득세와 사회보험료를 원천징수하기 이전의 급여액을 말한다. 사회보험료(→ Sozialversicherungsbeitrag) 산정의 기준이 된다.

Buchführung 부기

장부기입을 줄인 말이다. 회계거래를 일정한 원리에 따라 장부에 기록, 계산, 정리하는 절차 및 방법을 말한다.

Buchungssatz 분개양식

거래가 발생할 때 직접 각 계정의 차변 또는 대변에 기입하면, 기록의 오류, 누락 등이 발생할 가능성이 크기 때문에, 이를 방지하

기 위해 거래를 각 계정에 기입하기 전에 어느 계정에 기입할 것
인지, 그 계정의 차변 또는 대변 어느 쪽에 기입할 것인지, 기입할
금액은 얼마인지를 결정하는 절차 및 작업을 분개(journalizing)라
고 한다. 이러한 분개를 기입하는 형식을 분개양식이라고 한다.
우리나라 회계에는 없는 표현이다. 우리말에는 단지 분개한다
혹은 분개를 이러한 형식으로 한다라고 표현한다.

Buchwert　장부가

→ Niederstwertprinzip

Bürgerliches Gesetzbuch　민법전

일반인들의 사적 생활관계에 있어서의 법률관계를 규율한 민법(→
Bürgerliches Recht)의 법규를 집대성한 법령집을 말한다.

Bürgerliches Recht　민법

1. 넓은 의미로 본다면, 공법(→ Öffentliches Recht)에 대한 개념
으로서, 법인을 포함한 모든 사인들간의 법률관계를 규정한 법
이다. 넓은 의미로 본다면 상법(→ Handelsrecht) 또한 민법에 속
한다. 말하자면 민법은 일반사법이고, 상법은 특별사법이다.
2. 좁은 의미로 본다면 민법전(→ Bürgerliches Gesetzbuch)에 규
정된 법을 민법이라고 한다.

Bürgschaftkredit　지급보증크레딧

→ Avalkredit

Bummelstreik　태업

노동쟁의(→ Arbeitskampf)란　노동조합(→ Gewerkschaft)과　사용
자단체(→ Arbeitgeberverbände)간에 단체교섭(→ Tarifverhandlung)

과정에서 상호간 주장의 불일치로 인하여 분쟁이 발생한 상태를 말하는데, 태업이란 근로자가 이러한 분쟁상태를 자신에게 유리하게 전개시키기 위해 행하는 쟁의행위(→ Arbeitskampf)의 한 수단으로서 파업(→ Streik)하기에는 여러 여건상 전술적으로 불리할 경우에, 규정에 따라 외견상 정상적인 근무를 하나, 작업능률을 저하시키는 등 실제로는 정상적인 근무를 하지 않는 것을 말한다.

Bundesanzeiger　관보

법원 또는 기타의 공시 사항을 일반인에게 알리기 위한 공보를 말하는데, 회사와 관련하여 상업등기소에 등재된 사항 또는 회사의 연말결산재무제표, 회사의 해산결의 등은 반드시 관보에 게재해야 한다.

Bundesarbeitsgericht　연방노동법원

연방노동법원은 3심법원으로서, 2심 판결에 대한 상고(→ Revision)와 항소가 허용되는 판결에 대하여 항소 대신 제기된 비약상고(→ Sprungrevison) 사건을 관할한다. 재판부(→ Senat)는 직업법관인 재판장 1인과 역시 직업법관인 배석판사 2인 그리고 근로자측 및 사용자측 이익을 각각 대변하는 명예판사 2인으로 구성된다.

Bundesdatenschutzgesetz　연방정보보호법

문서화 되어 있거나 혹은 전산화가 되어 있는 개인들의 신상에 관한 자료의 보호를 위해 마련된 법이다. 이 법에 따라, 사용자는 회사 내에 마련된 근로자의 인사기록카드(→ Personalakte)를 제삼자가 열람하지 못하도록 엄밀한 보안을 통해 관리하여야 한다.

Bundesurlaubsgesetz 연방휴가법

연방휴가법에 따르면, 역년으로 연차유급휴가(→ Erholungsurlaub)를 부여하며, 최소 연차유급휴가는 근무일 기준으로 24일이며, 근무일은 일요일과 공휴일을 제외한 날로 한다라고 규정되어 있다. 주 6일제 근무를 기준으로 하여 년 24일이 법정 휴가일이다. 이를 주 5일제 근무를 기준으로 환산하면 년 20일이 된다.

BV 근로금지

→ Beschäftigungsverbot의 약어

[C]

Cash Ratio 유동비율 I

→ Liquiditätsgrad

Cashflow 현금흐름

기업 내에서 현금이 조달(유입)되고, 사용(유출)되는 과정 및 현상을 의미한다. 즉, 기업 내에서 흐르는 현금의 절대량뿐만 아니라, 그것이 움직이는 방향 등을 포괄하는 동태적 개념으로 이해해야 한다. 현금흐름은 유입과 유출의 내용에 따라 영업활동에 의한 현금흐름, 투자활동에 의한 현금흐름 그리고 재무활동에 의한 현금흐름 세 가지로 구분한다. 현금흐름을 구하는 방식에는 직접법(direkte Ermittlung)과 간접법(indirekte Ermittlung)이 있는데, 간접법은 당기순이익(→ Jahresüberschuss)에서 현금의 유출이 없는 비용인 감가상각비(→ Abschreibungen)와 충당금(→ Rückstellungen)을 가산하고, 현금의 유입이 없는 수익을 차감하여 구한다. 현금흐름에서 중요한 것은 3가지 활동의 유입과 유출을 모두 합산했을 때 언제나 제로에 가까운 플러스가 되어야 한다는 것이다. 전체적으로 유입이 유출보다 지나치게 많으면 기회비용이 발생하게 되고, 유출이 유입보다 많으면 도산의 위기를 맞게 된다.

CE-Kennzeichnung   CE 인증마크

EU 시장에 제품을 유통시키기 위해서는, 해당 제품이 안전, 건강, 위생 및 환경에 관한 EU의 규격에 부합해야 한다. 공인된 인증 절차에 따라 공인기관의 승인을 얻어서, 제품의 제조자 또는 수입업자는 적합선언서(→ Konformitätserklärung)에 서명하고, CE 인증마크를 부착함으로써 비로소 EU 시장에 제품을 유통시킬 수 있다.

Chancen-Risiken-Analyse   기회-위협요인 분석

마케팅 환경분석(→ Situationsanalyse) 중에서 인구구성, 경기, 경제성장율, 산업구조, 원료공급 상황, 자연환경, 기술혁신, 관련 법률개정, 치안, 통화가치 등 거시경제에 관한 자료를 조사하여 시장의 기회요인과 위협요인을 사전에 분석하는 것을 말한다. 거시경제 환경은 기업을 둘러싼 외부환경으로서, 기업의 입장에서는 통제가 불가능한 것이기 때문에 사전에 충분히 분석해 두어야 한다.

Competitive-Parity-Methode   경쟁자기준법

광고예산(→ Werbebudget)을 책정하는 방식의 하나로서, 경쟁기업의 예산을, 시장에서의 관찰을 토대로 추정하여 그에 맞추어서 광고예산을 결정하는 방식이다.

Current Ratio   유동비율 III

→ Liquiditätsgrad

[*D*]

Dachmarkenstrategie 중심브랜드전략

브랜드전략(→ Markenpolitik)의 하나로서, 보통 회사명과 여러가지 상이한 제품들을 한데 묶는 상표전략을 말한다. 이 전략의 장점은 한 제품으로부터 얻은 이미지와 신뢰 및 인지도를 동일한 브랜드를 가진 다른 제품으로 확장시킬 수 있다는 데 있다. 회사명으로 결합시키는 기업브랜드전략과 제품명으로 결합시키는 제품브랜드전략으로 구분할 수 있겠다. 전자의 대표적인 브랜드로는 Siemens, Intel 등이 있고, 후자의 대표적인 브랜드로는 코카콜라가 있다.

Damnum 주식할인발행차금, 사채할인발행차금

→ Disagio

Debitorenbuchhaltung 매출채권관리

Debitor는 고객 또는 (회사에 대하여) 채무자를 의미한다. 회계관리상 거래처별(고객별) 계산서 내역과 입금 내역을 관리하는 파트를 말한다.

Deckungsbeitrag 공헌이익

매출액에서 변동비를 차감하여 계산된 이익을 말한다. 공헌이익에서 고정비를 빼면 영업이익이 된다. 원가를 변동비와 고정비로 분류한 다음, 매출액에서 변동비(variable Kosten)를 차감하여 공헌이익을 계산하고, 그 공헌이익에서 고정비(Fixkosten)를 차감하면 영업이익이 된다. 실무에서는 좀더 세분화하는데, 매출액에서 변동비를 차감하여, 공헌이익I을 구하고, 여기서 부문별로 배분이 가능한 고정비(spezielle Fixkosten)를 차감하여 공헌이익II를 구하며, 마지막으로 부문별 배분이 가능하지 않은 일반고정비(allgemeine Fixkosten)를 차감하여 영업이익을 구한다. 공헌이익이 흑자이면 비록 영업이익이 적자라 하더라도 생산 및 판매는 단기적으로 계속해야 한다. 단기적으로 볼 때 고정비는 생산 및 판매를 중지해도 계속 발생하는 것이기 때문에 그 일부만이라도 회수할 수 있는 한 생산을 해야 한다.

Deckungsgrad 유동비율

→ Liquiditätsgrad

Degressive Abschreibung 가속상각법

1. 한국어 번역인 가속상각은 영어의 accelerated depreciation의 번역이다. 독일어 용어인 degressiv는 거꾸로 체감한다는 뜻인데, 내용상으로는 초기에 가속을 하고 이후 점점 체감한다는 뜻으로 두 표현 모두 동일하다.

2. 감가상각비(→ Abschreibungsbetrag)를 초기에 많이 인식하고, 후반기에 적게 인식하는 감가상각 방식을 말한다. 가속상각법에는 정률법(→ geometrisch-degressive Abschreibung)과 연수합계법(→ arithmetrisch-degressive Abschreibung)이 있다. 독일에서는 연수합계법이 인정되지 않는다. 정률법에 따라 감가상각을 하면, 잔존

가액(→ Restwert)이 '0'이 되지 않는 단점이 있는데, 이를 방지하기 위해 중도에 감가상각 방식을 정액법(→ lineare Abschreibung)으로 변경하는 것이 허용된다. 그러나 정액법에서 정률법으로의 변경은 허용되지 않는다.

Deutsche Gewerkschaftsbund 독일노조연맹

1. 개별기업에 노조가 결성되어 있는 우리나라와는 달리 독일의 노조는 산업별 노조(→ Industriegewerkschaft: IG)이며, 각 산업별로 하나의 노조가 조직되어 있다: 금속노조(IG Metall), 화학노조(IG Chemie), 광산노조(IG Bergbau), 에너지노조(IG Energie), 통합 서비스 / 공공노조(Vereinte Dienstleistungsgewerkschaft: Ver.di). 노조의 연합체로서 이러한 개별 산별노조의 상급단체가 독일노조연맹이다.

2. 독일노조연맹은 산하의 산별노조를 지원, 조정하는 역할만 할 뿐, 직접 단체교섭에 임하지는 않는다.

Deutsche Industrie-und Handelskammer 독일상공회의소

각 지역에 있는 지역 상공회의소(→ Industrie- und Handelskammer)를 통합, 조정하는 역할을 하는 곳으로서 우리나라의 대한상공회의소에 해당한다.

DGB 독일노조연맹

→ Deutsche Gewerkschaftsbund의 약어

Dienstvertrag 고용계약

사용자와 합의한 보수에 따라 약정한 노무를 제공할 의무를 부담하는 채권법상의 계약을 말한다. 이때는 근로계약(→ Arbeitsvertrag)과 달리, 근로자-사용자라고 하지 않고, 노무자-사용자라고 명칭한다.

Dienstwagen 업무용 차량

개인이 회사로부터 출퇴근용으로 배정받은 업무용 차량에 대하여, 개인이 부담하여야 할 세금은 첫째, 차량의 사적사용에 대한 과세와 둘째, 집과 직장 사이의 출퇴근에 사용한 부분에 대한 과세의 두 가지로 이루어진다. 업무용 차량의 사용을 직원에 대한 현물급여(→ Sachbezüge)의 지급으로 간주하고 과세하는 것이다.

Direktionsrecht 지시권

근로자가 행하는 작업의 종류, 내용, 범위 및 근로시간에 대하여 지정할 수 있는 사용자의 권리를 말한다. 이러한 지시권은 무제한적으로 행해질 수는 없는데, 보통 법률, 단체협약(→ Tarifvertrag), 개별 근로계약(→ Arbeitsvertrag), 사업장협약(→ Betriebsvereinbarung) 그리고 경영협의회(→ Betriebsrat)의 경영참여권(→ Beteiligungsrecht)을 통해 제한이 가해지며 또한 사용자의 배려의무(→ Fürsorgepflicht)에 의해서도 제한이 가해진다.

Direktversicherung 직접보험

국가가 주체가 되는 공적 연금보험(→ Rentenversicherung)과 달리, 기업이 주체가 되어 근로자를 위해 운영하는 연금제도를 기업노령연금제도(→ betriebliche Altersversorgung)라고 하는데, 주로 직접보장(→ Direktzusage), 연금공제조합(→ Pensionskasse), 연금기금(→ Pensionsfonds) 및 직접보험의 형태를 통해 운영되고 있다. 직접보험은 사용자가 계약의 당사자가 되어, 근로자를 위해 생명보험회사와 생명보험계약을 체결하는 것이다. 기업연금 보험법에 따라, 근로자는 자신의 급여 중 일부를 직접 수령하지 않고, 직접보험의 보험료로 전환하여 지불하도록 사용자에게 요청할 수 있으며, 사용자는 근로자가 요청할 경우 직접 보험계약을 체결하여 급여의 일부를 보험료로 납부해 주어야 한다. 사용자 입장에서도 혜택이 있는데, 이렇게 함으로써 지급되는 보험료에 대해서는 사회보험료가 면제되기 때문이다.

Direktzusage 직접보장

국가가 주체가 되는 공적 연금보험(→ Rentenversicherung)과 달리, 기업이 주체가 되어 근로자를 위해 운영하는 연금제도를 기업노령연금제도(→ betriebliche Altersversorgung)라고 하는데, 주로 직접보장, 연금공제조합(→ Pensionskasse), 연금기금(→ Pensionsfonds) 및 직접보험(→ Direktversicherung)의 형태를 통해 운영되고 있다. 직접보장은 우리나라의 퇴직금제도와 유사한 제도로서, 사내에 퇴직연금충당금(→ Pensionsrückstellung)을 설정하여 운영하는 독일식 직장 퇴직연금제도를 말한다.

Disagio 사채할인발행차금

→ Damnum 이라고도 한다. 회사채(Unternehmensanleihen)가 액면가액 이하로 발행된 경우, 이 차액을 사채할인발행차금(차이금액)이라고 한다. 주식(→ Aktie)을 액면가 이하로 발행하는 것은 허용되지 않는다. 회사채를 할인 발행했을 경우, 대변에는 만기에 상환해야 할 금액(이자 포함)을 계상해야 한다. 분개는 차변에 예금 xxx, 사채할인발행차금 xxx, 대변에 부채(회사채 계정)

xxx과 같이 한다. 이 할인발행차금은 사채보유기간에 걸쳐 이자비용으로 인식해 매기 균등액을 상각(→ Abschreibung)해야 한다. 반대로 할증발행차금은 → Agio 라고 한다.

Diskriminierung   차별, 차별대우

2006년 8월부터 시행되고 있는 일반균등대우법(→ AGG)에 따르면, 누구나 인종, 민족(종족), 성별, 종교 또는 세계관, 장애, 성에 대한 정체성이 다르다는 이유로 인하여 차별적인 처우를 받아서는 안된다. 이 법의 시행에 따라 사업장 내의 근로자에 대하여도 채용, 급여, 교육, 승진 등에 있어서 위에서 열거한 이유로 인하여 차별적인 처우를 하는 것이 허용되지 않는다.

Dividende   배당(금)

영업 활동을 통해 획득한 이익을 주주들에게 분배하는 것을 말한다. 당기순이익에서 이익잉여금을 적립하고 난 후의 금액을 배당한다.

Dividendenpapiere   배당증권

투자유가증권(→ Wertpapiere des Anlagevermägens)으로서, 배당을 목적으로 하는 유가증권이라는 의미에서 붙여진 명칭이다.

Doppelte Buchführung   복식부기

부기(→ Buchführung)는 기록, 계산하는 방법에 따라 단식부기와 복식부기로 나눈다. 단식부기란 현금, 채권, 채무 등의 증감 변화를 일정한 원리나 원칙 없이, 어느 한쪽 측면에서만 파악하여 계산하는 방식이고, 복식부기는 이러한 증감 변화를 일정한 원리와 원칙에 따라 기록, 계산하는 방식이다. 복식부기는 모든 거래를 이중으로 기입하게 하여, 기록, 계산상의 오류나 탈루를 자동적으로 발견할 수 있는 기능, 즉 자동적 검증기능을 가진 완전한 기록, 계산 방법이다. 일반적으로 부기라고 하면 복식부기를 의미한다.

Dreizehnter Monatsgehalt　13개월째 급여

1. 13개월째 급여는 연봉의 한 부분으로서, 보너스(→ Gratifikation)가 아니고 이미 제공한 근로에 대한 보수이다. 따라서 보너스에 속하는 크리스마스상여금(→ Weihnachtsgeld)과 구별해야 한다.

2. 경기 침체기에 유연하게 급여 정책을 펴 나가기 위해서, 실무에서는 점차 13개월째 급여를 줄여 나가는 추세이며, 대신에 특별상여금(→ Sondervergütung)이라는 명칭으로 동일한 금액을 지급유보(→ Freiwilligkeitsvorbehalt) 조항과 함께 지급하는 경향이다. 불경기때에는 사용자가 임의로 지급을 유보할 수 있도록 하기 위해서이다. 이는 경영관행(→ betriebliche Übung)과 연관되는 문제로서, 이미 지급하고 있던 특별상여금의 지급을 경영환경의 변화에 따라 그 지급을 철회할 수 있기 위해서는 유보조항을 근로계약에 반드시 명기해야 한다.

Drohverlustrückstellungen　대손충당금

→ Rückstellungen

Durchschnittsverfahren　평균법

1. 동일한 상품(재공품, 원재료 포함)을 다른 가격으로 매입하였을 경우, 판매된 상품의 단가와 남아 있는 상품의 단가를 얼마로 책정해야 할 것인가를 일정한 가정을 통해 정하는 절차를 기

말재고자산의 평가(→ Bewertung des Endbestands)라고 하는데, 평균법은 그 중의 한 방법이다.

2. 일정기간 동안의 재고자산원가를 평균한 평균원가로 기말재고와 매출원가를 배분하는 방법이다. 상품 출고시마다 그때그때 평균원가를 구하는 방법이 이동평균법(→ gleitendes Durchschnittsverfahren)이고, 기말에 일괄하여 기초재고와 총입고를 평균해서 원가를 구하는 방법이 총평균법(→ einfaches Durchschnittsverfahren)이다.

3. 일단 채택된 평가방법은 정당한 사유가 없는 한 계속적으로 적용(→ Stetigkeitsgebot)해야 한다. 왜냐하면 평가 방법에 따라 기간손익(→ Periodenergebnis)에 영향을 미치기 때문이다.

[ℰ]

Effektive Kapitalerhöhung 유상증자

실질적으로 자본금을 증가시키는 증자를 말한다. 신주발행(→
Aktienemission)을 하거나, 전환사채(→ Wandelanleihe)가 주식으
로 전환되거나, 또는 수권자본(→ genehmigtes Kapital)을 통하여
실질적으로 자본금이 증가되는 유상증자가 이루어진다.

Effektive Kapitalherabsetzung 유상감자

→ Kapitalherabsetzung

Ehegattensplitting 부부합산 과세제도

맞벌이 부부에 대한 근로소득세 과세의 방법으로서, 부부의 소
득을 합산한 후, 이를 절반으로 나누고, 이 절반의 소득에 대해
기본세율표에 따라 소득세를 구한 후, 그 소득세액을 두 배로
하여 최종 소득세액을 계산하는 방법을 말한다. 누진세하에서는
이렇게 함으로써 결과적으로 부부가 각각 개별적으로 소득세를
내는 것보다 더 낮은 소득세를 부담하게 된다.

Eigene Aktien 자기주식

기업이 이미 발행하여 유통되고 있는 주식을 매입하거나 재발행
할 목적으로 재취득한 주식을 말한다. 자기주식의 매입은 원칙
적으로 금지된다. 예외적으로 종업원지주제(ESOP: Employee Stock

Ownership Plan)를 위한 주식(→ Belegschaftsaktien)의 매입과 자본을 감소(감자 → Kapitalherabsetzung)시키기 위한 매입 등은 허용된다.

Eigenkapital   자기자본

1. 기업을 경영하기 위한 자금은 크게 두 가지 원천으로부터 조달되는데, 기업의 소유자들이 제공하는 자금과 채권자들이 제공하는 자금이 그것이다. 이 중에서 기업의 소유자들이 제공하는 자금을 자기자본이라고 한다. 소유주지분(owners' equity)이라고도 하며, 대차대조표에 자본(→ Kapital)으로 표시되는 것이 그것이다.

2. 대차대조표상의 자기자본 아래의 항목에는 법정자본금(→ Gezeichnetes Kapital), 자본잉여금(→ Kapitalrücklage), 이익잉여금(→ Gewinnrücklagen), 이월이익잉여금(→ Gewinnvortrag) / 이월결손금(→ Verlustvortrag) 그리고 당기순이익(→ Jahresüberschuss) / 당기순손실(→ Jahresfehlbetrag)의 순서대로 표기된다.

Eigenkapitalquote   자기자본비율

재무제표상의 개별 항목간의 비율을 구해서, 그 기업의 재무상태나 경영성과를 분석하고 판단하는 것을 재무비율(→ Bilanzkennzahlen) 분석이라고 한다. 자기자본비율은 기업의 지급능력 및 재무구조의 건정성 여부를 측정하는 안전성비율(→ Kennzahlen zur Kapitalstruktur)의 하나로서, 자기자본을 총부채로 나눈 비율을 말한다. 총자본(→ Bilanzsumme) 중에서 자기자본이 차지하고 있는 비중을 표시하며, 기업의 안전성을 측정하고 판단하는데 이용된다.

Eigenkapitalrentabilität   자기자본이익률

재무제표상의 개별 항목간의 비율을 구해서, 그 기업의 재무상태
나 경영성과를 분석하고 판단하는 것을 재무비율(→ Bilanzkenn-
zahlen) 분석이라고 한다. 자기자본이익률은 기업의 수익성을 측
정하는 수익성비율(→ Rentabilitätskennzahlen)의 하나로서, 당기
순이익을 평균자기자본으로 나눈 비율을 말한다.

Eigenkündigung   근로계약의 해지 (근로자에 의한)

근로자에 의한 근로계약의 해지를 말한다. 이직을 위해서나, 사
용자가 급여를 지급하지 않는 등 현저하게 근로계약을 위반했다
면, 근로자는 그 근로계약을 해지할 수 있다.

Ein−und Auszahlungsrechnung   현금주의

1. 현금을 수취한 시점에서 수익을 인식하고, 현금을 지출한 시
점에서 비용으로 인식하는 방법이다. 이는 현금유동성을 측정하
는 개념이지, 회계상 수익과 비용을 인식하는 방법으로는 인정
되지 않는 방법이다. 왜냐하면 획득한 수익과 그 수익을 창출하
는데 발생된 비용이 적절하게 대응되지 않기 때문에, 정확한 기
간손익(→ Periodenergebnis)의 계산이 이루어지지 않기 때문이다.
2. 우리말의 현금주의, 영어의 cash basis에 정확히 부합하는 독
일어 용어는 없다.

Einfaches Durchschnittsverfahren   총평균법

→ Durchschnittsverfahren

Einführungsphase   도입기

제품수명주기(→ Produktlebenszyklus) 이론에 따르면, 제품이 개발

되어 시장에 나온 후, 도입기를 거쳐, 성장기(→ Wachstumsphase), 성숙기(→ Reifephase), 포화기(→ Sättigungsphase), 쇠퇴기(→ Rückgangsphase)를 거치게 된다. 제품수명주기 이론에 근거하여 각 단계별로 각기 다른 마케팅 활동을 수행해야 하는데, 도입기에서는 제품 인지도가 낮기 때문에 전통적인 광고 활동이 가장 중요하며, 유통채널을 확보하고, 수요 증가에 대비해 생산설비를 사전에 갖춰 두어야 한다.

Einfuhrumsatzsteuer   수입부가세

재화의 수입도 부가가치세 과세 대상이다. EU 역내(→ Us-IdNr)가 아닌, 제삼국으로부터의 수입에 대해 국내 부가세율에 해당하는 세율(19% 혹은 7%)을 부과하는데, 이를 수입부가세라고 한다. 과세표준은 재화(상품)의 가격에 관세, 도착 항구까지의 운송비(FOB 조건의 경우)를 더한 금액이다.

Einfuhrzoll   수입관세

외국으로부터 수입하는 물품에 대해 부과하는 국세를 수입관세라고 하는데, 보통 관세(→ Zoll)라고 할 때는 수입관세를 말한다.

Eingeschränkter Bestätigungsvermerk   한정의견

장부와 재무제표가 일반적으로 인정된 회계원칙에 따라 적정하게 작성되었으나 일부에 있어서는 적정의견을 표시하는데 필요한 합리적인 증거를 얻지 못했다는 외부감사인(→ Abschlussprüfer)의 감사의견(→ Bestätigungsvermerk)을 말한다.

Einkommensteuer   소득세

1. 독일의 소득세법은 과세대상소득을 7가지로 분류하고 있다:

농축산-산림소득, 사업소득, 자유직업소득, 근로소득, 임대소득, 배당소득 및 기타 소득.

2. 소득세율은 4개의 과세구간으로 이루어져 있다: 기혼자의 경우를 예로 들면, (1) 비과세구간: 연과세표준 15,329 유로까지, (2) 누진과세구간: 15,330 유로부터 104,304 유로까지(최저 15%~최고 42% 적용), (3) 비례세구간: 104,305유로부터, 동일한 한계세율(42%) 적용, (4) 부유세구간: 500,001유로부터 동일한 한계세율(45%) 적용.

3. 최종적으로 산출된 소득세액의 5,5%를 연대세 (→ Solidaritätszuschlag)란 명목으로 추가적으로 부과한다. 기독교인들은 교회세(→ Kirchensteuer)도 부담해야 한다. 교회세의 세율은 주에 따라 상이한데, 소득세액의 8~9%이다.

Einnahmen 수입

유동성이 가장 높은 현금, 예금의 증가(수입)만을 의미할 때는 Einzahlungen이란 표현을 쓰고, 여기에 단기채권의 증가까지 고려할 때 수입(Einnahmen)이라는 표현을 사용한다. 그러므로 현금의 수입만을 말할 때는 두 용어가 동일한 의미로 사용된다.

Einzelmarkenstrategie 개별브랜드전략

브랜드전략(→ Markenpolitik)의 하나로서, 상이한 제품에 각각 다른 브랜드를 사용한다. 소비자는 그 제품이 어느 회사의 제품인지에 대해서는 모르고, 단지 브랜드만 인지하게 된다. 하이트맥주, Pringels(감자칩) 등이 대표적이다.

Einzelunternehmen 자영업

자영상업, 수공업 및 자유직업(또는 독립자영업)을 총칭하는 개
념이다. 상행위를 영위하는 회사(사업)의 형태를 크게 분류하면,
자영업, 인적회사(→ Personengesellschaft) 및 물적회사(→ Kapital-
gesellschaft)로 구분된다.

Elterngeld 육아휴직보조금

육아휴직보조금은 심화되고 있는 저출산에 대한 대책의 일환으
로서 부모가 육아를 위해 자신의 근로소득을 포기할 경우 국가
가 월 최고 1,800유로까지 지원해 줌으로써 직업을 가진 부모가
경제적인 문제 때문에 출산을 꺼리는 것을 막고자 2007년 1월 1
일부터 도입, 시행되고 있다. 원어의 명칭(직역하면 양친보조금)
에서 보듯이 기본적으로 자신의 소득을 포기한 부모 중 한 명에
게 보조금이 지급된다.

Elternzeit 육아휴직

부모의 손길이 가장 필요한 첫 3년 동안 부모가 영아를 잘 보살
필 수 있도록 그리고 부모가 육아를 위해 직장을 포기하는 일이
없도록 노동법은 출산 후 영아가 만 3세가 되기까지의 기간 동
안 무급 육아휴직을 보장하고 있으며, 또한 휴직 후 이전과 유
사한 업무에 복귀할 수 있도록 보장해 주고 있다.

Emission 주식(사채)발행

주식과 사채의 발행을 통틀어 Emission이라고 한다. 주식발행만
을 특정해 말할 때는 → Aktienemission이라고 쓴다.

Emissionsagio 주식발행초과금

→ Agio

Emissionsdisagio 사채할인발행차금

→ Disagio

Entgeltfortzahlung 급여계속지급

급여계속지급법(→ Entgeltfortzahlungsgesetz)에 따라, 부상 / 질병으로 인한 근로불능(→ Arbeitsunfähigkeit)에 의해 병가를 낸 근로자는 최고 6주(토, 일요일 포함해서 42일)까지 사용자로부터 급여를 계속해서 지급받을 권리가 있는데, 이를 급여계속지급이라고 한다.

Entgeltfortzahlungsgesetz 급여계속지급법

급여계속지급법에 따르면, 부상 / 질병으로 인한 근로불능(→ Arbeitsunfähigkeit)에 따라 병가를 낸 근로자에게는 최고 6주(토, 일요일 포함해서 42일)까지 사용자가 급여를 계속해서 지급할 의무가 있다.

Entgeltfortzahlungsversicherung 급여계속지급보험

1. 보험의 종류에 따라 두 가지 보험료 분담방식이 있는데, U1-분담방식과 U2-분담방식이 그것이다.

2. 급여계속지급법(→ Entgeltfortzahlungsgesetz)에 따라 사용자는 근로자의 병가 중에도 최고 6주까지는 계속해서 급여를 지급해야 하는데, 소규모 기업의 경우 이 비용이 부담이 될 수도 있다. 이러한 비용의 부담을 덜어주는 것이 급여계속지급보험이고, 이에 대한 보험료분담방식(Umlagenverfahren)이 U1-분담방식(→ U1-

Verfahren)이다. 근로자가 30인 이하인 기업의 사용자는 의무적으로 이 보험에 가입해야 한다.

3. 사용자비용보전법(→ Aufwendungsausgleichgesetz)에 따라 근로자 수에 상관없이 모든 사용자는 임산부보호기간(→ Mutterschutzfrist)에 적용되는 여성근로자의 근로금지(→ Beschäftigungsverbot) 규정으로 인하여 발생하는 사용자의 비용을 보전하기 위하여 의무적으로 급여계속지급보험에 가입해야 하는데, 이에 대한 보험료 분담방식(Umlagenverfahren)이 U2-분담방식(→ U2-Verfahren)이다.

Entleiher 사용사업주

회사에서 일시적, 간헐적으로 인력을 충원해야 할 경우, 인력파견회사(→ Zeitarbeitunternehmer)를 통한 충원이 대안으로 떠오르게 된다. 회사는 인력파견회사와 근로자파견계약(→ Arbeitnehmerüberlassungsvertrag)을 맺고, 회사의 지휘, 명령 아래 파견근로자(→ Leiharbeitnehmer)를 업무에 투입시킨다. 이때 회사는 사용사업주가 되고, 인력파견회사는 파견근로자의 법률상의 사용자가 된다.

Erbschaftsteuer 상속세

1. 경제적 가치가 있는 재산의 무상이전에 대해 부과하는 세금이다. 상속하는 사람(피상속인)의 사망에 따른 상속 또는 유증(재산을 상속받을 사람(상속인)이 아닌 제삼자에게 증여하는 것)에 대해 부과된다. 사망 이전의 재산 이전에는 증여세(→ Schenkungsteuer)를 부과하고, 사망을 원인으로 하는 재산이전에 대해서는 상속세를 부과한다. 두 세금의 과세체계는 동일하다. 피상

속인(Erblasser)과 상속인(Erbe)의 관계에 따라 3개의 과세등급으로 나누어지며, 세율은 과세표준(기초공제 후) 52,000유로까지는 과세등급에 따라 각각 7%, 12%, 17%부터 적용되기 시작하여, 점점 증가하다가, 과세표준 25,565유로 이상에서는 과세등급에 따라 각각 30%, 40%, 50%의 세율이 부과된다.

2. 업무용 자산(Betriebsvermögen)의 경우, 일정한 요건을 갖추면 상속세의 부과가 10년 동안 유예(Stundung)되며, 매 1년 마다 10%씩 경감된다.

Erfolgskonto   손익계산서계정

수익계정과 비용계정을 통칭하여 말한다. 수익계정과 비용계정은 당기의 경영성과를 나타내는 것이므로, 다음 기의 경영활동에 영향을 미쳐서는 안된다. 따라서 수익과 비용계정은 한 회계기간이 끝나면 잔액을 제로로 만들어야 한다.

Erholungsurlaub   연차유급휴가

연방휴가법(→ Bundesurlaubsgesetz)에 따르면, 역년(calendar year) 기준으로 연차유급휴가를 부여하며, 최소 연차유급휴가는 근무일 기준으로 24일이며, 근무일은 일요일과 공휴일을 제외한 날로 한다라고 규정하고 있다. 즉, 주 6일제 근무를 기준으로 하고 있으며, 이를 주 5일제 근무를 기준으로 환산하면 법정 연차유급휴가일은 근무일 기준으로 년 20일이 된다.

Ermahnung   견책

견책이 질책(→ Rüge)과 다른 점은 공식적인 외양을 가진다는 것과 서면상으로 한다는 점이다. 신호 전달뿐만 아니라, 향후 문제 행위를 되풀이 하지 말라는 내용을 포함하게 된다. 경고장과는 달리 견책은 경고(→ Abmahnung)라는 문구를 사용하지 않으며, 해고와 연관되지도 않는다. 다만, 견책은 서면에 의한 공식적인 문서이기 때문에 인사기록카드(→ Personalakte)에 보관하게 되며, 이로써 근로자에 대해 경고장과 유사한 효과를 거둘 수 있다. 인사철에 보관한다는 사실은, 회사가 동 사안을 가볍게 여기고 있지 않다는 것을 보여주기 때문이다.

Erträge 수익

주요 경영활동으로서의 재화의 생산, 판매 및 용역의 제공 등에 따른 경제적 효익의 유입을 말한다. 이는 자산의 증가 또는 부채의 감소 및 그 결과에 따른 자본의 증가로 나타난다. 기간손익(→ Periodenergebnis)을 측정하기 위해 한 회계연도 이내의 수익과 비용을 대응시킬 때 사용하는 개념이므로, 수익과 비용이 귀속되는 기간의 개념을 염두에 두어야 한다.

Essenbon 식사쿠폰

1. 식비보조비(→ Essenzuschuss)의 한 형태로서, 보조비를 현금으로 지급하지 않고, 현물급여(쿠폰)의 형태로 지급하면 세제상의 이점을 취할 수 있기 때문에 실무에서 많이 사용하고 있다.

2. 쿠폰발행회사(Essenbonorganisation)와 계약을 체결하여 쿠폰을 제공(일정 수수료 지급)받고, 이 회사와 가맹점 계약을 맺고 있는 식당 등 업소를 이용하게 된다.

Essenzuschusss 식비보조비

실무에서는 주로 중식보조비가 여기에 해당된다. 직원에게 지급하는 중식보조비는 현물급여(→ Sachbezüge)에 해당되어, 직원의 소득에 가산되어, 근로소득세를 납부해야 한다. 그러나 근로자가 식비와 관련하여 정해진 세무상 인정가액(→ amtlicher Sachbe-zugswert)에 해당하는 금액을 스스로 부담하면, 그 식비는 본인의 소득에 가산되지 않고, 비과세 대상이 된다. 또는 이때 위 세무상 인정가액을 사용자가 대신 납부하고, 그로 인하여 생긴 경제적 편익(→ geldwerter Vorteil)에 대해 근로자가 부담해야 할 근로소득세를, 사용자가 대신 일괄과세율 25%를 적용해서 대납해 주어도 마찬가지의 결과가 된다.

$$[\; \mathcal{F} \;]$$

Fahrtkosten 교통비

근로자가 자신의 승용차로 출장을 갈 경우, 회사는 실제 주행한 거리(km)당 최고 0.30 유로까지 교통비로 지급할 수 있다. 이 금액은 주유비와 각종 사고의 위험을 스스로 부담하는 것에 대한 대가이다. 교통비는 근로소득세 과세 대상이 아니다.

Fahrtkostenzuschuss 통근보조비

1. 회사가 근로자에게 지급하는 통근보조비는 근로소득세 과세 대상 소득이다. 회사는 통근보조비 지급으로 인해 근로자가 부담해야 할 세금을 대신해서 납부해 주는 것이 세법상 허용이 되는데, 무한정 허용되는 것이 아니라 일정 금액 이내에서만 허용이 된다. 간편 계산식을 이용하는데, 월 근무일을 15시간으로 보고, 출퇴근 편도거리 일괄공제액을 산출한다(15일x(집과 회사와의 편도거리 - 20km)x0.30유로). 즉, 이 금액의 한도 이내에서 회사는 근로자를 위해 통근보조비에 대해 일괄세율(15%)로 세금을 대납해 줄 수 있다.

2. 현금이 아닌 정기승차권 등을 지급할 수도 있는데, 이때 현물급여(→ Sachbezüge)에 대한 월 44유로 규정이 적용된다. 즉, 정기승차권의 가액이 44유로를 초과하지 않으면, 이때 지급하는

정기승차권은 비과세 대상에 해당된다.

FIFO 　선입선출법

1. 동일한 상품(재공품, 원재료 포함)을 다른 가격으로 매입하였을 경우, 판매된 상품의 단가와 남아 있는 상품의 단가를 얼마로 책정해야 할 것인가를 일정한 가정을 통해 정하는 절차를 기말재고자산의 평가(→ Bewertung des Endbestands)라고 하는데, 선입선출법(First in, last out)은 그 중의 한 방법이다.

2. 먼저 취득한 상품이 먼저 판매된 것으로 가정하여 기말재고와 매출원가를 구하는 방법이다. 따라서 매출원가는 오래 전에 구입한 상품의 원가로 구성되며 기말재고는 최근에 구입한 상품의 원가로 구성된다. 인플레이션 시기에 이 방법에 따라 기말재고를 평가하게 되면 대차대조표일 현재 재고자산은 상대적으로 높게 평가되고 매출원가는 상대적으로 낮게 책정되며, 따라서 기간이익은 상대적으로 높게 계상된다. 여기서 유의할 점은 선입선출법을 적용하는 것이 저가주의(→ Niederstwertprinzip)에 저촉된다면, 이 방법을 적용하는 것이 허용되지 않는다는 것이다.

3. 일단 채택된 평가방법은 정당한 사유가 없는 한 계속적으로 적용(→ Stetigkeitsgebot)해야 한다. 왜냐하면 평가 방법에 따라 기간손익(→ Periodenergebnis)에 영향을 미치기 때문이다.

Finanzanlagen 　투자자산

다른 회사를 지배하거나 통제할 목적으로 보유하거나 혹은 장기적인 투자 이윤을 목적으로 보유하는 (고정)자산을 말한다. 장기대여금, 장기성예금, 투자유가증권(→ Wertpapiere des Anlagevermögen)이 이에 속한다.

Finanzzoll 재정관세

→ Fiskalzoll

Firma 상호 (회사의)

회사의 명칭, 즉 상호를 말한다. 일반적으로 회사라는 뜻으로도 통용이 된다.

Fiskalzoll 재정관세

국세 중에서 외국으로부터 수입하는 물품에 대해 부과하는 세금을 관세(→ Zoll)라고 하는데, 이 중에서 국가의 재정수입을 증대시키기 위해 부과하는 관세를 재정관세라고 한다.

Forderungen aus Lieferungen und Leistungen 매출채권

영업의 주된 대상인 재화 또는 용역을 판매하는 것으로부터 발생한 채권을 말한다. 좁은 의미로는 외상매출금이라고도 한다.

Franchising 프랜차이즈

프랜차이저(Franchisegeber)는 운영시스템의 노하우, 상표의 사용권 등을 프랜차이지(Franchisenehmer)에게 제공하고, 프랜차이지는 그 대가로 로열티를 지불하거나, 프랜차이저로부터 원재료, 상품 등을 의무적으로 공동매입 하는 판매 방식을 말한다. Konzessionsverkauf 라고도 부른다.

Freiberufler 자유직업자

자영업(→ Einzelunternehmen)을 영위하는 자영업자 중에서 고도의 전문지식을 바탕으로 영업(자유업)을 행하는 자를 말한다. 독립자영업자라고도 하며, 작가, 예술가, 의사, 변호사, 회계사, 세

무사, 컨설턴트 들이 이에 속한다. 자유직업자는 상업등기부(→
Handelsregister)에 등재가 되지 않으며, 영업세(→ Gewerbesteuer)
의 납부 대상도 아니므로, 상공회의소(→ Industrie- und Handelskam-
mer)에의 가입 의무가 강제되지 않는다.

Freibetrag   소득공제

1. 소득세법상 개념으로서 과세대상소득 중에서 일정액을 공제
해 줌으로써 세금의 부담을 덜어주는 것을 말한다. 산출된 최종
세액에서 일정액 또는 일정 비율을 공제해 주는 세액공제와는
다르다. 문맥에 따라서는 기초공제라고도 번역할 수 있다.

2. 소득공제와 유사한 개념으로서 Freigrenze가 있는데, 이는 공
제액을 초과하게 되면 전체 금액이 과세대상이 되는 점에서, 공
제액을 무조건 과세대상소득에서 차감해 주는 소득공제와는 구
별된다. 예를 들어 소득 100 중에서 어떤 특정 용도에 지출된 비
용에 대해 10이 (기초)공제된다고 할 때, 이 공제액이 Freibetrag
이면, 비용이 15가 되더라도, 기본적으로 10은 과세소득에서 공
제되어, 90에 대해서만 과세되지만, 이 공제액이 Freibetrag이 아
니고, Freigrenze라고 되어 있고, 이때 만약 비용이 15라면, 기초
공제액 10마저도 허용되지 않는다. 단지 지출액이 10이하일 경
우에만 공제를 허용해 주는 것이다.

Freie(r) Mitarbeiter(in)   프리랜서

1. 개인 자영사업자로서, 근로계약(→ Arbeitsvertrag)에 의하지 않
고, 고용계약(→ Dienstvertrag)에 따라 사용자로부터 약정한 보수
에 대한 대가로 노무를 제공하는 자를 말한다.

2. 근로계약과 달리 채용에 있어서 자유롭다. 즉, 경영협의회(→ Betriebsrat)의 사전동의를 받을 필요도 없고, 필요한 기간만큼 기간제로 고용할 수 있고, 해고제한법(→ Kündigungsschutzgesetz)의 적용을 받지도 않기 때문에 계약의 해지도 자유롭다.

Freigrenze   소득공제

→ Freibetrag

Freistellung   근무면제

1. 근로계약(→ Arbeitsvertrag)과 관련하여, 근로계약을 해지하기 위하여 해고통보가 이루어진 이후에도 근로자는 근로관계의 종료일까지 의무적으로 근무를 해야 한다. 그러나 사용자(→ Arbeitgeber)의 입장에서 볼 때, 신뢰관계가 이미 무너진 마당에 근로자에게 근무를 시키는 것이 꺼려지게 되는데, 이때 사용자는 근로자에게 근무의 면제를 명할 수 있다.

2. 근로관계의 종료시, 업무의 인수인계가 끝나고 나서, 잔여 휴가일과 초과근무시간에 해당하는 만큼의 근무일을 면제시키기도 하는데, 이를 위해서는 사전에 근로계약에 이에 관한 조항을 명기해야만 효력이 생긴다.

Freiwilligkeitsvorbehalt   지급유보(조항)

→ Gratifikation   → betriebliche Übung

Freizonen   관세자유지역

물품의 반출입 및 용역의 제공 등에 대하여 관세법과 부가가치세법 등에 대한 특례가 허용되는 지역으로서, 관세(→ Zoll) 등의 면제와 세관신고절차를 생략해 주는 경제 특구를 말한다.

Fremdkapital 타인자본

기업을 경영하기 위한 자금은 크게 두가지 원천으로부터 조달되는데, 기업의 소유주들이 제공하는 자금인 자기자본(→ Eigenkapital) 혹은 자본(→ Kapital)과 채권자들이 제공하는 자금이 그것이다. 이 중에서 채권자들이 제공하는 자금을 기업의 소유주가 제공하는 자기자본에 대비하여 타인자본이라고 부른다.

Fremdkapitalquote 부채비율

재무제표상의 개별 항목간의 비율을 구해서, 그 기업의 재무상태나 경영성과를 분석하고 판단하는 것을 재무비율(→ Bilanzkenn-zahlen) 분석이라고 한다. 부채비율 또는 타인자본비율은 기업의 지급능력 및 재무구조의 건전성 여부를 측정하는 안전성비율(→ Kennzahlen zur Kapitalstruktur)의 하나로서, 총부채를 자기자본으로 나눈 비율을 말한다. 채권자에 의해 제공된 자금과 주주에 의해 출자된 자금과의 상대적 크기를 나타낸다.

Fremdwährungsschulden 외화채무

외화로 표시된 채무를 말한다. 외화거래(외화로 표시된 채권이나 채무가 발생하는 경우)가 발생한 경우, 그 발생 시점의 환율로 환산하여 회계처리 하여야 하는데, 이때 환산의 기준이 되는 환율은 매입율(→ Geldkurs)이다. 또한 외화로 표시된 채권(외화자산)이나 채무(외화부채)의 대금을 수취하거나 지급할 경우, 환율 변동에 의해 이익 또는 손실이 발생하는데, 이를 외환차익(→ Kursgewinn) 또는 외환차손(→ Kursverlust)이라고 한다.

Fürsorgepflicht　배려의무

사용자는 근로계약에 따른 근로조건을 준수해야 하며, 그 이외에도 근로관계에 따른 부수적인 배려의무를 부담해야 하는데, 이에는 작업장 안전을 통한 근로자의 육체적인 건강에 대한 배려, 안정적으로 업무에 열중할 수 있도록 근로자의 정신적인 건강에 대한 배려, 다른 근로자로부터 부당하게 따돌림을 받지 않도록 사무실의 분위기에 주의를 기울이는 배려, 일반균등대우법에 따라 균등한 처우를 받도록 배려하는 의무 등이 포함된다. 주로 법률에 의해서 이러한 배려의무가 이행되도록 강제되어 있기도 하다.

Funktionsrabatt　기능할인

가격할인 전략(→ Rabattpolitik)의 하나로서 대리점을 통한 판매냐 혹은 직판이냐에 따라 할인율을 달리하는 것을 말한다.

〔 *G* 〕

G. u. V. 손익계산서

손익계산서(→ Gewinn- und Verlustrechnung)의 약어

GbR 민법상의 조합

민법상의 조합(→ Gesellschaft des bürgerlichen Rechts)의 약어

Gehaltsabrechnung 급여계산

근로자가 자신의 근로 제공에 대한 대가로 받는 근로소득에서 매월 세무서에 근로소득세(→ Lohnsteuer)와 교회세(→ Kirchensteuer)를 원천징수하고, 또한 건강보험조합(→ Krankenkasse)에 사회보험료(→ Sozialversicherungsbeiträge)를 납부해야 하는데, 이와 같이 총급여(→ Bruttogehalt)에서 근로소득세와 교회세 그리고 사회보험료 및 순급여(→ Nettogehalt)를 계산하는 과정을 급여계산이라고 한다.

Gehaltspfändung 급여 압류

1. 근로자가 그의 급여를 자신의 채권자에게 양도하는 경우가 생길 수 있다. 근로자의 채무에 대해 법원의 압류결정(Pfändungs-beschluss)이 내려지면, 사용자는 주채무자인 근로자에게 급여를 지급해서는 안되고, 채권자에게 지급해야 한다. 압류의 대상인 급여의 범위에는 근로관계로부터 나오는 모든 금전적인 급여가

포함된다. 압류금액의 산정기준은 순급여(→ Nettogehalt)이다.

2. 법원의 결정이 내려졌다고 해서 급여 전부를 압류할 수 있는 것은 아니다. 급여의 일정부분에 대해서는 압류를 할 수 없다. 급여압류대비표(amtliche Lohnpfändungstabelle)에 부양가족의 수에 따라 압류가 가능한 금액을 순급여와 대비하여 제시해 놓고 있다.

Geldkurs 매입율, 매수가

1. 은행이 고객으로부터 외화를 매입하는 환율을 말한다. 반대로 매도율은 → Briefkurs라고 한다. 외화거래(외화로 표시된 채권이나 채무가 발생하는 경우)가 발생한 경우, 그 발생 시점의 환율로 환산하여 회계처리하여야 하는데, 이때 환산의 기준이 되는 환율이 매입율이다.

2. 수요자가 유가증권 등을 사고자 하는 호가(가격)를 말한다.

Geldvermögen 당좌자산

유동자산(→ Umlaufvermögen)에서 재고자산(→ Vorräte)을 차감한 것을 당좌자산이라고 한다. 제조과정이나 판매과정을 거쳐야 현금화가 되는 재고자산에 비해, 신속하게 현금화가 가능한 자산을 말한다. 다만, 독일에서 Geldvermögen이라고 할 때는 여기에서 유동부채(→ kurzfristige Verbindlichkeiten)를 제외해야 한다. 딱히 들어맞는 번역이 없어서 단서를 붙여 당좌자산이라고 번역한다.

Geldwerter Vorteil 경제적 편익

회사가 근로자에게 제공하는 현금은 말할 것도 없고, 현물의 제공 또한 현물급여(→ Sachbezüge)라고 하여 모두 근로소득세 과세 대상이다. 현물을 제공했다든지 혹은 편리를 봐 주었다면, 이로 인해 근로자에게는 금전에 상응하는 효익이 생기는 것이다. 예를 들어, 사택을 무상으로 사용하게 한다든지 혹은 회사가 직원에게 돈을 빌려주면서 이자를 부과하지 않은 경우 등이다. 사택이 아닌 주택을 임차했다든지 혹은 은행에서 돈을 빌렸다면 당연히 임차료와 이자를 물었을 텐데, 이를 부담하지 않았다면 이는 마땅히 지불해야 할 비용을 지불하지 않은 것이 되므로 마이너스 비용 즉, 효익이 발생하는 것이고, 이를 급여계산시 고려해야 할 경제적 편익이라고 본다.

Gemeinschaftskontenrahmen 계정과목분류표(GKR)

→ Kontenrahmen

Genehmigte Kapitalerhöhung 수권자본에 의한 증자

유상증자(→ effektive Kapitalerhöhung)의 한 형태로서 수권자본(→ genehmigtes Kapital)에 의한 증자를 말한다.

Genehmigtes Kapital 수권자본

주식회사가 향후 증자할 총 자본(혹은 발행할 총 주식)을 말한다. 수권자본에 대해서는 정관에 정해 두고, 이사회(→ Vorstand)에 수권자본의 범위 이내에서 증자(→ Kapitalerhöhung)하는 것을 위임해 놓는다.

Geometrisch—degressive Abschreibung 정률법

→ degressive Abschreibung

Gerichtsbarkeit 재판권

노동법과 관련된 사건에 한정하여, 노동법원(→ Arbeitsgericht), 주
노동법원(→ Landesarbeitsgericht) 및 연방노동법원(→ Bundesar-
beitsgericht)은 재판권을 담당한다. 다시 말하면, 재판권은 법원에
의해 행사된다.

Geringfügig entlohnte Beschäftigung 미니잡

→ Mini Job

Geringfügige Beschäftigung 단시간 근로

단시간 근로란 근로시간이 정규 근로자의 근로시간보다 짧은 경
우를 통칭하는 것이다. 이에는 두가지 종류가 있는데, 미니잡(→
Mini Job 또는 → geringfügig entlohnte Beschäftigung)과 단기근무
(→ kurzfristige Beschäftigung)가 그것이다.

Gesamtkapitalrentabilität 총자본이익률

재무제표상의 개별 항목간의 비율을 구해서, 그 기업의 재무상
태나 경영성과를 분석하고 판단하는 것을 재무비율(→ Bilanzkenn-
zahlen) 분석이라고 한다. 총자본이익률은 기업의 수익성을 측정
하는 수익성비율(→ Rentabilitätskennzahlen)의 하나로서, 당기순
이익과 타인자본에 대한 이자의 합계액을 평균 총자본(→
Bilanzsumme)으로 나눈 비율이다. 이때 타인자본(→ Fremdka-
pital)에 대한 이자는 타인자본 출자자의 이익이기도 하기 때문
에, 총자본의 수익성을 측정하기 위해 포함시킨다.

Geschäfts- oder Firmenwert 영업권

→ Immaterielle Vermögensgegenstände

Geschäftsjahr 회계연도, 회계기간

효율적인 경영을 위해 일정기간마다 재무상태와 경영성과를 파악하는 것이 필요하다. 이와 같이 인위적으로 6개월 또는 1년 등으로 구분한 기간을 회계연도 혹은 회계기간이라고 한다. 그리고 한 회계연도가 시작하는 시점을 기초라 하고, 끝나는 시점을 기말이라고 명칭한다. 해당 회계연도를 당기라고 하고, 이전 회계연도를 전기라고 하며, 다음 회계연도를 차기라고 한다. 한 기업의 회계연도는 항상 역년(calender year)과 동일하지 않다. 4월 1일부터 3월 31일까지를 한 회계연도로 하는 기업들도 있다. 회계연도는 정관(→ Satzung)에 기재해야 하는 의무사항인데, 회계연도를 변경하기 위해서는 정관을 변경해야 한다.

Geschäftsvorfälle 회계거래, 부기상의 거래

기업의 경영활동에서 자산(→ Vermögen), 부채(→ Verbindlichkeiten), 자본(→ Kapital)의 증감변화를 일으키거나, 수익(→ Erträge)과 비용(→ Aufwendungen)을 발생시키는 것을 회계거래 또는 부기상의 거래라고 한다.

Gesellschaft des bürgerlichen Rechts 민법상의 조합

자연인과 법인이 공동의 목적을 가지고, 그 목적의 달성을 촉진하기 위하여 만들어진 민법상의 단체로서 상사회사는 아니다. GdR 혹은 BGB-Gesellschaft 라고도 불리운다.

Gesellschaft mit beschränkter Haftung 유한회사

물적회사로서, 많은 점에서 인적회사와 유사한 형태를 가지고 있다. 유한회사의 사원(주주)은 회사에 대해서만 책임을 진다, 즉 자신이 출자한 재산의 한도 이내에서 책임진다.

Gesellschafterversammlung 사원총회

유한회사의 최고 의결기관을 말한다. 주식회사(→ Aktiengesellschaft)
의 주주총회(→ Hauptversammlung)에 해당하는 기관이다.

Gesellschaftsvertrag 정관 (유한회사의)

주주의 권리관계를 규정한 서면을 말한다. 유한회사의 정관을
말하며, 주식회사의 정관은 → Satzung 이라고 한다.

Gesetzliche Rücklage (법정)이익준비금

→ Gewinnrücklagen

Gesundheitsreform 2007 건강(보험)개혁 2007

정식 명칭은 "공적건강보험경쟁력강화에관한법률"이다. 공적 건
강보험에의 가입의무를 강화하는 내용을 골자로 하고 있으며,
2009년 1월부터 지금까지 보험조합(→ Krankenkasse)에 따라 달
랐던 공적 건강보험의 요율을 전국적으로 일원화시키는 내용도
담고 있다.

Gewerbesteuer 영업세

1. 독일에서 기업에 대한 과세는 법인세(→ Körperschaftsteuer)와
영업세 두 가지가 있다. 영업세는 지방자치단체가 법인에게 부
과하는 세금으로서, 법인세 과세표준에 3.5%(2008년부터 적용)
의 동일한 산정요율(→ Steuermesszahl)을 곱하고, 여기에 지자체
마다 각각 다르게 적용하는 부과세율(→ Hebesatz)을 곱하여 세
금을 산정한다. 영업세율은 지자체마다 상이한데, 평균적으로 약
13% 가량 된다.

2. 산정요율은 영업세 또는 부동산세 산정을 간소화하기 위해 적용되는 세율을 말한다. 또한 각 지방자치단체는 부과세율을 임의로 정함으로써, 세수를 늘이거나, 혹은 기업을 유치하는 도구로 사용하게 된다. 2008년부터 영업세액(Gewerbesteuerbetrag)은 법인세 산정시 손금 산입이 허용되지 않는다(keine Abzugsfähigkeit der Gewerbesteuer als Betriebsausgabe).

Gewerbliche Schutzrechte 산업재산권

→ Immaterielle Vermögensgegenstände

Gewerkschaft 노동조합

1. 개별기업에 노조가 결성되어 있는 우리나라와는 달리, 독일의 노조는 산업별 노조이며, 각 산업별로 하나의 노조가 조직되어 있다. 거의 대부분의 산별노조(Industriegewerkschaft)는 독일노조연맹(→ Deutsche Gewerkschaftsbund)이라는 연합체에 속해 있다.

2. 노사간 단체교섭(→ Tarifverhandlung)은 산별노조의 차원에서 행해진다. 산별노조와 사용자단체(→ Arbeitgeberverbände)가 직접 교섭(통일교섭)할 수도 있고, 또는 산별노조와 개별 기업의 사용자(→ Arbeitgeber)가 교섭(대각선교섭)할 수도 있다. 따라서 쟁의행위의 노동자측 당사자는 산별노조이다.

3. (산별)노조는 경영협의회(→ Betriebsrat)의 요청에 따라 개별 기업의 노사문제에 관하여 법률적 조언, 조정 및 교육을 제공하는 역할도 수행한다.

Gewinn 이익

회계학적 이익이란 당기 실현수익에서 당기 발생비용을 차감한 부분을 말한다.

Gewinn- und Verlustrechnung 손익계산서

1. 한 회계연도의 영업실적에 관한 재무정보를 담은 보고서를 말한다. 매출액, 매출원가, 매출총이익, 판매관리비, 영업이익, 경상이익, 당기순(손실)이익 등의 순서로 표시된다.

2. 회계결산(→ Jahresabschluss)시 대차대조표(→ Bilanz) 및 주석(→ Anhang)과 함께 작성해야 한다.

3. 우리나라의 회계기준에 의하면, 회계결산(→ Jahresabschluss)시 의무적으로 작성해야 하는 재무제표에는 대차대조표, 손익계산서, 이익잉여금처분계산서 및 현금흐름표가 포함된다

Gewinnausschüttung 이익분배

→ Dividende

Gewinnrücklagen 이익잉여금

전기 또는 당기의 회계연도에서 발생된 이익의 일부를 적립(저축)해 놓은 것으로서, 자본금으로 전입하거나, 결손금을 보전하는데 사용된다. 이익잉여금에는 (법정)이익준비금, 기타 잉여금, 정관에 의한 잉여금 등이 있다. 주식회사는 이월결손금을 충당하고 남은 당기순이익(→ Jahresüberschuss)의 5%를, (법정)이익준비금(→ Gesetzliche Rücklage)과 자본잉여금(→ Kapitalrücklage)을 합한 금액의 10%에 이를 때까지 매년 (법정)이익준비금으로 적립해야 한다.

Gewinnvortrag 이월이익잉여금

당기순이익에 대한 처분이 주총에서 확정되어, 이익잉여금(→

Gewinnrücklagen) 등으로 적립되고, 배당이 된 후에 차기로 이월되는 부분을 말한다. 처분이 확정되지 않아 차기로 이월된 것도 마찬가지로 이월이익잉여금이라고 한다. 전기로부터 넘어온 것은 전기이월 이익잉여금이라고 해서 구분한다.

Gezeichnetes Kapital 법정자본금

기업을 경영하기 위해 기업의 소유주가 제공한 자금을 일컬어 자기자본(→ Eigenkapital)이라고 하는데, 법정자본금은 자기자본 중에서 법정절차를 거치지 않고서는 임의로 변동시킬 수 없는 자본금, 즉 법률에 의해 정해진 납입자본금을 말한다. 유한회사의 법정자본금은 → Stammkapital 그리고 주식회사의 법정자본금은 → Grundkapital 이라고 부른다.

Gleitendes Durchschnittsverfahren 이동평균법

→ Durchschnittsverfahren

GmbH 유한회사

유한회사(→ Gesellschaft mit beschränkter Haftung)의 약어

GmbH & Co. KG 유한합자회사

유한합자회사(→ Kommanditgesellschaft mit einer Gesellschaft mit beschränkter Haftung)의 약어

GmbH-Gesetz 유한회사법

유한회사의 설립, 권리관계 및 해산에 관해 규율한 법률을 말한다.

GoB 회계원칙

회계원칙(→ Grundsätze ordnungsmäßiger Buchführung)의 약어

Gratifikation 보너스

1. 일상적으로 사용하는 보너스라는 용어는, 제공한 근로에 대한 보수가 아니라, 지금까지의 근무(공로)에 대한 인정과 앞으로의 근무에 대한 격려의 성격을 가지고 있다. 즉, 회사에 대한 충성심 또는 충실의무(→ Betriebstreue)에 대한 보상을 말한다. 실무에서 가장 널리 지급되는 것으로는 크리스마스 보너스(→ Weihnachtsgeld)와 휴가 보조비(→ Urlaubsgeld)가 있다.

2. 보너스의 지급이 매년 반복되어 일정한 횟수에 이르면 그 보너스의 지급이 경영관행(→ betriebliche Übung)이 되어 근로자가 사용자에게 보너스를 계속 지급할 것을 요구하는 근거가 되며, 이는 노동법원에 의해서도 받아들여지고 있다. 이를 회피하기 위해서는 근로계약서에 보너스에 관한 지급유보(→ Freiwilligkeitsvorbehalt) 조항을 넣든지 또는 보너스를 지급할 때마다 보너스의 지급이 사용자의 자유로운 의사에 따른 것이고, 이는 경영관행이 되지 않는다는 유보조항을 항상 명기해야 한다. 그렇지 않으면, 경기침체시 회사의 경영 상황이 좋지 않은데도 불구하고 보너스의 지급을 철회시킬 수 없는 경우가 생기게 된다.

Gratisaktien 무상주

이익준비금(→ gesetzliche Rücklage)과 자본잉여금(→ Kapitalrücklage)을 법정자본금(→ Grundkapital)으로 전입함으로써 무상증자(→ nominelle Kapitalerhöhung)가 이루어지는데, 이때 회사는 전입한 준비금과 잉여금에 해당하는 만큼의 신주를 발행하여 기존 주주에게 무상으로 교부하는데, 이 주식을 무상주라고 한다.

Größenklassen 규모에 따른 분류

상법(→ Handelsrecht) 제267조에 따라, 회사
(물적회사 → Kapitalgesellschaft)를 3가지 기준(총자산, 매출액,
종업원 수)에 의해 소기업, 중기업 및 대기업으로 분류하는데, 3
가지 기준 중 최소 2가지를 2년 연속 충족시키면 된다. 각 규모
별 3가지 기준은 다음과 같다: (1) 소기업: 총자산 4,015,000 유
로 이하, 매출액 8,030,000유로 이하, 종업원 수 50인 이하인 물
적회사, (2) 중기업: 총자산 16,060,000유로 이하, 매출액 32,120,000
유로 이하 종업원 수 250인 이하인 물적회사, (3) 대기업: 총자
산 16,060,001유로 이상, 매출액 32,120,001유로 이상, 종업원
수 251인 이상인 물적회사.

Gründungskosten 창업비

회사의 설립을 위하여 지출되는 비용으로서, 공증 및 등기법원
수수료, 각종 인허가 수수료 뿐 아니라, 신주발행비, 사채발행비
등도 이에 포함된다. 창업비는 개업비(→ Betriebseinrichtungskosten)
와 달리 자본화가 허용되지 않으며, 당기의 비용으로 처리한다.
우리나라 회계에서 말하는 자본화라는 용어의 의미는, 자본금과
관계있는 것이 아니라, 자본적지출(차기 이후에 걸쳐 기업의 영
업에 경제적 효익을 제공할 자산에 지출하는 것)에 해당되어 자
산에 올린다는 의미를 말한다. 자산화(Aktivierung)한다고 하면
더 분명해질 텐데, 다소 혼란을 주는 용어이다.

Grunderwerbsteuer 토지취득세

토지를 취득할 때 부과되는 조세로서, 세율은 3.5% 이다. 특기

할 사항은, 2000년 1월부터 적용되는 규정으로서, 자본회사
(→ Kapitalgesellschaft)가 회사 지분의 95% 이상을 다른 자본회
사에 이전하는 경우, 그 자본회사가 소유하고 있던 토지에 대해
서도 토지취득세의 납세의무가 생긴다는 것이다.

Grundkapital　법정자본금

주식회사의 법정자본금(→ Gezeichnetes Kapital)을 말한다. 주식
회사를 설립하기 위한 최소한의 법정자본금은 50,000유로이다.

Grundkündigungsfrist　기본예고기간

일반해고(→ ordentliche Kündigung)가 유효하기 위해서는 정당
한 해고의 사유가 존재해야 하고, 또한 해당 근로자의 근속연수
에 따른 해고예고기간(→ Kündigungsfrist)을 준수해야 한다. 해
당 근로자의 근속연수가 2년 미만일 경우, 매월 15일 혹은 매월
말일자를 기준으로 4주의 예고기간을 준수해야 하는데, 이 예고
기간을 다른 것과 구별하여 기본예고기간이라고 한다. 부연 설
명하면, 매월 15일(매월 말일자)을 기준으로 역산하여 4주가 되
는 시점 이전에 해고예고를 통보해야 한다는 뜻이다.

Grundsätze ordnungsmäßiger Buchführung　회계원칙

과거로부터 회계실무에서 재무제표를 작성하는데 적용하여 왔던
회계개념과 회계관습 및 회계절차 등을 종합한 것으로서, 기업
실체에 영향을 미치는 경제적 사건을 재무제표 등에 보고하는 방
법을 말한다. 재무제표를 작성하는 방법이 기업마다 다르다면, 재
무제표의 비교가능성과 이해가능성이 저하되어 결과적으로 회계
정보의 유용성이 감소될 것이다. 이를 방지하기 위해 재무제표

를 작성하고 이해하는 경우에 판단의 기준이 되는 일정한 원칙이 필요한데, 이를 일반적으로 인정된 회계원칙(GAAP)이라고 한다.

Grundsteuer 부동산 보유세

소유하고 있는 토지 및 그 지상건물에 대해 부과되는 조세이다. 농축산 및 산림업(Land-und Forstwirtschaft)에 속하는 기업이 소유하고 있는 토지에 부과되는 부동산세 A(Grundsteuer A)와 업무용 토지 및 그 지상건물에 부과되는 부동산세 B(Grundsteuer B)로 구분된다. 전자의 세율은 6.0%이고, 후자의 세율은 3.5%이다. 기타 개인 부동산에 대해서는 대상에 따라 2.6%~3.5%의 세율이 적용된다.

Grundstücke 토지

→ Sachanlagen

Gruppen-Unfallversicherung 그룹상해보험

직원들 중 특정 그룹을 위한 상해보험을 말한다. 개인별이 아니고, 하나의 특정집단 전체를 대상으로 하기 때문에, 비교적 저렴한 보험료 적용을 받는다. 의무적으로 가입해야 하는 재해보험(→ Unfallversicherung)과는 달리, 주요 임직원을 대상으로, 직원복리 차원에서 가입하는 것이다.

Günstigkeitsprinzip 유리한 조건 우선(적용)의 원칙

다른 법도 마찬가지이지만, 노동법의 법적용상의 원칙은 상위의 법이 하위의 법에 우선하여 적용되는 것이다. 그러나 하위의 법이 상위의 법보다 근로자들에게 유리한 내용을 규정하고 있다면, 하위의 법이 효력을 발생하고, 상위의 법은 적용되지 않는데, 이

를 유리한 조건 우선(적용)의 원칙이라고 한다. 노동법은 근로자
보호를 그 목적으로 하기 때문이다. 예를 들어 단체협약(→
Tarifvertrag)보다 개별 근로계약(→ Arbeitsvertrag)이 근로자에게
더 유리한 조건을 규정하고 있다면, 이 원칙에 따라 개별 근로
계약이 단체협약에 우선하여 적용된다.

Guerilla Marketing 게릴라 마케팅

J.C. Levinson 에 의해 만들어진 개념으로서, 적은 투입으로 큰 효
과를 내기 위한 공격적이고, 이벤트 성격의 마케팅을 말한다. 적
은 예산을 가지고, 아주 창조적인 방식으로 광고 메시지를 전달
하는 것이 게릴라 마케팅의 특징이기 때문에 주로 중소기업들이
많이 사용한다. 이벤트성 광고가 대표적이다.

Gütetermin 화해심리기일

노동법원(→ Arbeitsgericht)에서의 재판은 화해심리기일과 재판기
일(→ Kammertermin)로 구분된다. 노동법원의 1심 재판이 진행
되기 전단계로서 먼저 판사의 주재하에 조정(→ Vergleich)이 시
도된다. 이 단계에서 판사는 해고보상금(→ Abfindung)을 매개로
해서 우호적으로 화해를 하도록 유도한다.

Güteverhandlung 화해심리

노동법원(→ Arbeitsgericht)의 1심 재판이 진행되기 전단계로서
먼저 판사의 주재하에 조정(→ Vergleich)이 시도된다. 이 단계에
서 판사는 해고보상금(→ Abfindung)을 매개로 해서 우호적으로
화해를 하도록 유도한다.

GuV Konto　집합손익계정

결산시 손익계산서계정(→ Erfolgskonto)을 마감하기 위해 설정하는 계정이다. 수익계정과 비용계정은 당기의 경영성과를 나타내는 것이므로 다음 기의 경영활동에 영향을 미쳐서는 안된다. 따라서 수익과 비용계정은 한 회계기간이 끝나면 잔액을 제로로 만들어야 한다. 즉, 수익계정과 비용계정을 마감하기 위해 절차적으로 집합손익계정을 설정하여, 비용계정의 잔액은 집합손익계정의 차변에, 그리고 수익계정의 잔액은 집합손익계정의 대변에 기입한다. 결과적으로 집합손익계정의 차변에는 당기에 발행한 모든 비용이, 대변에는 당기에 발행한 모든 수익이 기록되게 된다. 집합손익계정의 잔액이 대변잔액(→ Habensaldo)이면 당기순이익(→ Jahresüberschuss)이 되고, 차변잔액(→ Sollsaldo)이면 당기순손실(→ Jahresfehlbetrag)이 된다.

[*H*]

Haben　대변

모든 부기상의 거래(→ Geschäftsvorfälle)는 계정(→ Konto)이라는 형식에 기입하여 계산되는데, 계정에의 기입은 차변과 대변이라는 두 개의 계산장소에 나누어서 이루어진다. 이 계정의 오른쪽을 대변이라고 하며 Haben-Seite 라고도 한다.

Habensaldo　대변잔액

부기에서 대변기입액의 합계가 차변기입액의 합계액보다 크면 그 계정은 대변잔액을 가진다고 한다. 따라서 부채 및 자본계정은 항상 대변잔액을 가지게 된다.

Haftpflichtversicherung　책임보험

개인 차원(Privathaftpflichtversicherung)과 회사 차원(Betriebshaftpflichtversicherung)의 책임보험이 있다. 자신 또는 직원의 과실 또는 잘못 설계, 운영되는 사업장의 시설물로 인하여 제삼자가 피해를 입었을 경우에 발생하는 제삼자에 대한 손해배상책임(Third party liability insurance)에 대비하여 가입하는 보험이다.

Handelsgesetzbuch　상법전

상법(→ Handelsrecht)은 상인들간의 법률관계를 규정한 특별사법

(→ Privatrecht)을 말한다. 이 상법의 법규를 집대성한 법령집을 상법전이라 한다.

Handelsrecht   상법

상인들간의 법률관계를 규정한 특별사법(→ Privatrecht)을 말한다.

Handelsregister   상업등기부

회사의 상호, 소재지, 대리권자, 사업의 대상, 회사의 법적형태, 자본금이 기재된 공적 장부를 말한다. 해당 지역내에서 상행위를 영위하는 자는 원칙적으로 상업등기부에 등기를 해야 한다.

Handwerkskammer   수공업자상공회의소

상공회의소(→ Industrie- und Handelskammer)와 달리 수공업자의 이익을 대변하는 기관이다.

Hartz IV   실업급여 II

실업급여 II(→ Arbeitslosengeld)의 별칭

Hauptabschlussübersicht   정산표

일정기간 동안 발생한 모든 거래가 총계정원장의 각 계정에 정확하게 전기되었으면, 대차평균의 원리에 의하여 모든 계정의 차변합계와 대변합계가 반드시 일치하게 된다. 이를 토대로, 최종 결산서를 작성하기 이전에 기록상의 오류를 방지하고, 전체 결산과정을 체계적이고, 일목요연하게 살펴보기 위해, 기말수정분개(→ Umbuchungen) 및 대차대조표와 손익계산서가 작성되는 과정을 일람표로 작성하게 되는데, 최종 결산서를 작성하기 위한 보조수단으로 이용되는 이 일람표를 정산표라 한다. 우리나라에서는 주로 8위식, 10위식이 사용되는데, 독일에서는 12위식

을 사용한다.

Hauptversammlung 주주총회

주식회사의 최고 의결기관을 말한다. 감사회(→ Aufsichtsrat) 위
원에 대한 임면(임명과 해임) 권한을 가지며, 재무제표의 승인과
이익배당에 대해 결의하고 외부감사인(→ Abschlussprüfer)을 임
명하며 상법(→ Handelsgesetz)과 정관(→ Satzung)에 정한 사항
을 의결한다.

Hebesatz 부과세율

→ Gewerbesteuer

HGB 상법전

상법전(→ Handelsgesetzbuch)의 약어

IG 산별노조

→ Industriegewerkschaft의 약어

IG Bergbau 광산노조

→ Deutsche Gewerkschaftsbund

IG Chemie 화학노조

→ Deutsche Gewerkschaftsbund

IG Energie 에너지노조

→ Deutsche Gewerkschaftsbund

IG Metall 금속노조

→ Deutsche Gewerkschaftsbund

[*I*]

IHK 상공회의소

→ Industrie- und Handelskammer

Immaterielle Vermögensgegenstände 무형자산

기업이 장기간 영업 및 생산활동에 이용할 목적을 가지고 보유하고 있는 고정자산(→ Anlagevermögen) 중에서 물리적 형태가 없는 자산을 말한다. 산업재산권(Gewerbliche Schutzrechte), 영업권(Geschäfts-oder Firmenwert), 도메인사용권, 컴퓨터소프트웨어(EDV-Software) 등이 이에 해당된다.

Imparitätsprinzip 손실계상주의

수익은 되도록 낮게 보고한다는 실현주의(→ Realisationsprinzip)에 대한 개념으로서 두 개 이상의 측정치가 있을 때 재무적 기초를 견고히 하는 관점에서 예측 가능한 손실은 반영하라는 원칙이다(이와는 반대로 예측 가능한 수익은 반영해서는 안된다는 것이 실현주의 원칙이다). 우리말에서는 보수주의(→ Vorsichtsprinzip)에 따른 회계처리라고 표현하여 수익은 낮게 보고하고 손실은 높게 보고한다는 개념으로 포괄적으로 사용된다. 원어의 뜻은 불균등하게 처리하는 원칙이라는 뜻인데, 수익은 되도록 낮게 잡으면서 손실은 되도록 높게 잡는 것이 불균등하기 때문이다.

Incoterms 무역조건

International commercial terms 의 약어로서, 국제상업회의소(ICC)가 제정한 무역조건의 해석에 관한 국제규칙을 말한다. Ex Works, FOB, CIF 등과 같은 무역조건에 관한 규칙을 설명한 규정집이다. 개정될 때마다 개정연도가 뒤에 부기된다(예: incoterms 2003).

Industrie- und Handelskammer 상공회의소

상공업의 진흥과 상공인들의 이해증진을 위한 기관이다. 상부기관인 독일상공회의소(→ DIHK) 산하에 약 80여 개의 지역 상공회의소가 있다. 해당 지역내에 소재한 영업소, 지점, 사업장, 법인 및 자영업자는 모두 상공회의소 회원으로 가입할 의무가 있고, 소정의 회비를 납부해야 한다. 다만, 수공업자 및 자영업자 중에서 상업등기부에 등기가 필요없는 자유직업자(→ Freiberufler)는 상공회의소 회원의 가입 대상이 아니다. 수공업자를 위한 수공업자상공회의소(→ Handwerkskammer)가 별도로 있다.

Industriegewerkschaft 산별노조(산업별노조)

→ Gewerkschaft

Industriekontenrahmen 계정과목분류표(IKR)

→ Kontenrahmen

Industrieverbandsprinzip 산업별조합원칙

개별기업에 노조가 결성되어 있는 우리나라와는 달리, 독일의 노조(→ Gewerkschaft)는 산업별 노조(→ Industriegewerkschaft)이며, 각 산업별로 하나의 노조가 조직되어 있다. 이와 같이 직종과 기업을 초월하여 같은 산업에 종사하는 근로자들로 조직된

형태의 노동조합을 산업별노동조합이라고 하며, 산업별노조가
하나의 단체협약 체결능력(→ Tariffähigkeit)을 가지는 것을 산업
별조합원칙이라고 한다. 따라서 산업별조합원칙에 따라, 노사간
단체교섭(→ Tarifverhandlung)은 산별노조와 사용자단체(→ Arbeit-
geberverbände)에 의해 진행된다.

Informationsecht 정보권

경영협의회(→ Betriebsrat)에 부여된 경영참여권(→ Beteiligungsrecht)
의 하나로서, 경영협의회가 사용자 측에, 개별 사안에 관하여 사
전에 그리고 자세하게 통지할 것을 요구할 수 있는 권한을 말한다.

Inhaberaktie 무기명주식

가장 일반적인 형태의 주식으로서, 주주의 성명이 주주명부(→
Aktienbuch)에 기입되지 않는 주식을 말한다. 특정사항에 대해 우
선권이 있느냐 혹은 없느냐에 따라 보통주(→ Stammaktie)와 우
선주(→ Vorzugsaktie)로 분류되고, 주주의 성명이 주주명부(→
Aktienbuch)에 기입되느냐 혹은 그렇지 않느냐에 따라 기명주식(→
Namensaktie)과 무기명주식(→ Inhaberaktie)으로 분류된다.

Insolvenz 지급불능

채무자가 채권자에 대하여 그의 변제의무를 이행하지 못하는 상
태를 말한다. 변제 수단이 없거나, 혹은 회사가 자본잠식(→
Überschuldung) 상태에 빠진 경우에 일어날 수 있다.

Interessenabwägung 비교형량

일반해고(→ ordentliche Kündigung)가 유효하기 위해서는 정당
한 해고 사유가 있어야 한다. 제시된 해고 사유 이외에, 그 해고

의 정당성을 각 근로자에 따라 개별적, 구체적으로 판단하기 위한 전제조건으로서, 독일의 노동법은 근로자의 근속연수 / 연령 / 부양가족 수 / 가족 관계(혼인 여부등)를 비교 참작하여, 근로관계를 유지함으로써 부담하게 될 사용자의 이해관계(부담하게 될 손해)가, 해고를 당함으로써 부담하게 될 근로자의 이해관계(부담하게 될 손해)보다 중할 경우, 해고의 조건이 충족되었다고 보고, 사전에 이러한 이해관계의 비교형량을 판단해 볼 것을 요구하고 있다.

Interessenausgleich   이해조정

경영조직법(→ Betriebsverfassungsgesetz) 제111조에 따르면, 상시 근로자가 21인 이상인 회사의 경우, 사용자는 계획 중인 경영변동에 관해 경영협의회에 사전에, 충분한 자료와 함께 통보하고 협의해야 한다. 여기서의 경영변동(→ Betriebsänderung)이란, 전체 공정 또는 주요 공정의 조업 제한 및 중단, 전체 사업장의 이전 혹은 일부 주요 사업장의 이전, 사업장의 통합 또는 사업장의 분할, 경영조직 또는 사업목적 또는 설립의 대대적인 변경, 작업방식 및 생산방식의 획기적 변경을 말한다. 사용자는 경영협의회(→ Betriebsrat)와 협의하여, 이러한 경영변동이 근로자에게 초래할 불이익을 보상해 주게 되는데, 이와 같이 노사간 이해관계를 조정하는 프로세스를 이해조정이라고 한다.

Inventar   재고목록(표)

1. 실지재고조사(→ Inventur)를 통해 재고자산의 목록을 작성한 표를 말한다.

2. 재고자산 뿐 아니라, 장부를 통해 파악한 채무에 관한 목록도
포함된다.

Inventur 재고조사, 실지재고조사, 실사

→ Bewertung des Endbestands

Investitionszulage 투자인센티브

특정한 투자진흥지구(förderungsbedürftige Gebieten)에 입주하는
투자자, 특히 외국인 * 직접투자에 대해 부동산 취득세, 영업세,
법인세 등의 세금을 면제 혹은 감면한다든지 또는 고용인원에
대해 고용보조금을 지급해 주는 것 등을 말한다.

[*J*]

Jahresabschluss 결산재무제표

1. 상법 제242조 및 제264조에 따라, 모든 회사는 매 회계연도마다 결산재무제표를 작성해야 한다. 결산재무제표는 대차대조표(→ Bilanz), 손익계산서(→ Gewinn- und Verlustrechnung) 및 주석(→ Anhang)을 말한다.

2. 물적회사(→ Kapitalgesellschaft)의 경우, 규모에 따른 분류(→ Größenklassen)를 통해 소·중·대기업으로 나누는데, 소기업을 제외한 중·대기업의 경우 결산재무제표에 경영현황보고서(→ Lagebericht)가 하나 더 추가된다.

3. 중·대기업의 경우, 외부감사인(→ Abschlussprüfer)에 의해 결산재무제표에 대한 회계감사(→ Abschlussprüfung)의 의무도 부과된다.

Jahresfehlbetrag 당기순손실

한 회계기간(→ Geschäftsjahr) 내에서 측정된 비용(→ Aufwendungen)이 수익(→ Erträge)을 초과할 때, 이 초과액을 당기순손실이라고 한다.

Jahresüberschuss 당기순이익

한 회계기간(→ Geschäftsjahr) 내에서 측정된 수익(→ Erträge)이

비용(→ Aufwendungen)을 초과할 때, 이 초과액을 당기순이익이
라고 한다.

Juristische Person 법인

법률관계 처리의 편의를 위하여 또한 책임의 분리를 위하여, 단
체의 구성원(자연인 → natürliche Person)과는 독립된, 하나의 주
체로서의 단체 자체를 인정하고, 여기에 권리와 의무의 주체로
서의 지위를 부여하는 것이 법인제도이며, 이와 같이 법에 의하
여 창출되었다는 점에서, 또한 의인화한 점에서, 자연인에 대비
하여 법인이라고 부른다. 영리법인(주식회사, 유한회사 등)과 비
영리법인(재단과 사단)으로 구별할 수 있다.

[K]

Kammer 재판부 (노동법원과 주노동법원의)

노동법원(→ Arbeitsgericht)과 주노동법원(→ Landesarbeitsgericht)
의 재판부는 직업법관인 재판장 1인과 근로자측 및 사용자측 이
익을 각각 대변하는 명예판사 2인으로 구성된다. 명예판사의 임
기는 5년이며, 주 법무부 또는 주 법무부가 위촉을 위임한 기관
에서 임명한다.

Kammertermin 재판기일

노동법원(→ Arbeitsgericht)에서의 재판은 화해심리기일(→ Güteter-
min)과 재판기일로 구분된다. 화해심리기일에 조정(→ Vergleich)
이 이루어지지 않으면, 노동법원(→ Arbeitsgericht)의 재판부(→
Kammer)에 의해 정식으로 1심 재판이 열린다.

Kapital 자본

기업을 경영하기 위한 자금은 크게 두가지 원천으로부터 조달된다.
기업의 소유주들이 제공하는 자금, 즉 자기자본(→ Eigenkapital)
과 채권자들이 제공하는 자금, 즉 타인자본(→ Fremdkapital)으로
대별된다. 이 자기자본이 대차대조표상에 표시된 자본이며, 다른
말로 소유주지분(owners' equity)이라고도 한다.

Kapitalerhöhung 증자

자본금을 증가시키는 것으로, 신주발행 또는 현물출자(→ Sachein-lagen)를 통하여 실질적으로 자본금을 증가시키는 유상증자(→ effektive Kapitalerhöhung)와 이익준비금(→ gesetzliche Rücklage)과 자본잉여금(→ Kapitalrücklage)을 법정자본금(→ Grundkapital)으로 전입해서 자본금을 증가시키는 무상증자(→ nominelle Kapitalerhöhung)가 있다.

Kapitalgesellschaft 물적회사, 자본회사

사원의 인적 참여가 아니라, 자본 참여에 따라서 사원자격이 부여되며, 회사의 인적요소가 아닌 물적요소를 강조하는 회사를 말한다. 회사의 지분은 원칙적으로 자유롭게 처분, 상속될 수 있다. 주주는 개인적으로 책임을 지지 않으며, 회사의 경영에 참여하지 않을 수도 있다. 물적회사는 법인으로서 권리능력을 갖는다. 주식회사(→ Aktiengesellschaft), 주식합자회사(→ Kommanditgesellschaft auf Aktien) 및 유한회사(→ Gesellschaft mit beschränkter Haftung)가 물적회사의 대표적인 형태이다.

Kapitalherabsetzung 감자

회사의 규모를 줄이거나, 결손을 보전하기 위해 자본금(→ Kapital)을 감소시키는 것을 말한다. 실질적 감자(→ effektive Kapitalherabsetzung)와 형식적 감자(→ nominelle Kapitalherabsetzung)로 구별된다. 실질적 감자란 주주에게 재구입한 주식을 소멸시키는 대가로 현금 등을 지급함으로써 회사의 자산이 실질적으로 감소하는 것을 말하며, 유상감자라고도 한다. 형식적 감자란 누적된 결손금을 보전하기 위해 법정자본금을 감소시키는 것으로서, 자본의 구성에만 변동이 있을 뿐, 회사의 순자산에는 변화가 없다. 다른 말로 무상감자라고 한다.

Kapitalrücklage   자본잉여금

주식발행초과금(→ Emissionsagio), 전환사채(→ Wandelanleihe) 발행시 상환액을 초과하여 발행한 발행초과금(→ Agio → Emissionsagio), 우선주 배정에 대해 주주가 증여한 금액 및 주주의 기증에 의한 자기자본(→ Eigenkapital) 전입액을 말한다.

Kapitalumschlagshäufigkeit   자본회전율

재무제표상의 개별 항목간의 비율을 구해서, 그 기업의 재무상태나 경영성과를 분석하고 판단하는 것을 재무비율(→ Bilanzkennzahlen) 분석이라고 하는데, 자본회전율은 기업의 활동성을 측정하는 활동성비율(→ Kennzahlen zur Umschlagshäufigkeit) 중의 하나로서, 매출액을 총자본(→ Bilanzsumme) 또는 자기자본으로 나눈 비율을 말한다. 이 비율이 높을수록 적은 자본의 투입으로 높은 매출을 올려 수익을 극대화시키고 또한 그로 인해 기업의 유동성을 높인다는 것을 말한다.

Kapitalverwässerung   주주지분의 희석화

신주(junge Aktien) 또는 무상주(→ Gratisaktien)를 발행할 경우 회사의 가치는 변동이 없는 상황에서 주식 수가 늘어남으로 인해 기존 주주가 가지고 있는 주식의 내재적 가치가 줄어드는 것을 말한다. 이를 방지하기 위해 기존 주주에게 신주인수권(→ Bezugsrecht)을 부여한다.

Kaskoversicherung 자동차 종합보험

자동차 책임보험(→ Kfz-Haftpflichtversicherung)에 더하여 자동차 소유자의 자의에 따라, 가입하는 책임보험을 말한다. 배상 범위에 따라 부분종합보험(Teilkaskoversicherung)과 종합보험(Vollkaskoversicherung)으로 나누어지는데, 부분 종합보험의 배상범위에는 도난, 화재, 폭발로 인한 피해, 그리고 태풍, 우박, 번개에 의한 직접적 피해도 포함된다. 종합보험의 배상범위에는 부분 종합보험의 배상범위 이외에, 난동에 의해 발생한 차량의 손해, 본인에 의해 발생한 사고로 인한 자차손해, 상대방에 의해 발생한 사고 시, 상대가 무보험일 경우 등이 포함된다.

Kassekonto 현금계정

회계상 현금은 은행권, 즉 통화(및 통화대용증권)를 말한다. 현금의 입출금을 기록하는 계정이다.

Kassenbestand 현금

→ Vermögensgegenstände

Kassenbuch 소액현금출납장

소액현금의 지출 및 재충당을 기록하는 보조장부를 말한다.

Kaufentscheidungsprozess 구매의사결정 프로세스

소비자의 구매의사결정 프로세스를 통해 소비자 행동(Käuferverhalten)을 예측할 수 있다. 구매의사결정은 (1)욕구 혹은 문제점 인식(Problemerkennung), (2)관련 정보의 수집(Informationssuche), (3)대안들간의 비교 검토(Alternativenbewertung), (4)구매 결정(Kauf), (5)사후 평가(Nachkaufbewertung)의 순서로 이루어진다.

Kennzahlen zur Kapitalstruktur 안정성비율

재무제표상의 개별 항목간의 비율을 구해서, 그 기업의 재무상태나 경영성과를 분석하고 판단하는 것을 재무비율(→ Bilanzkennzahlen) 분석이라고 한다. 이 중 안정성비율은 기업의 장기적인 지급능력과 재무구조의 건전성 여부를 판단하는 비율로서, 부채비율(→ Fremdkapitalquote), 자기자본비율(→ Eigenkapitalquote) 등이 있다.

Kennzahlen zur Umschlagshäufigkeit 활동성비율

재무제표상의 개별 항목간의 비율을 구해서, 그 기업의 재무상태나 경영성과를 분석하고 판단하는 것을 재무비율(→ Bilanzkennzahlen) 분석이라고 한다. 이 중 활동성비율은 기업의 자산을 얼마나 효율적으로 사용했는가를 측정하는 비율로서, 대표적으로는 재고자산회전율(→ Lagerumschlagshäufigkeit)과　　자본회전율(→ Kapitalumschlagshäufigkeit)이 있다.

Kfz-Haftpflichtversicherung 자동차 책임보험

자동차 소유자가 의무적으로 가입해야 하는 대인 및 대물배상을 내용으로 하는 제삼자 배상 책임보험을 말한다.

KG 합자회사

합자회사(→ Kommanditgesellschaft)의 약어

KGaA 주식합자회사

주식합자회사(→ Kommanditgesellschaft auf Aktien)의 약어

Kindergeld 양육보조금

자녀의 양육권자에 대해 지급하는 국가의 보조금으로서, 첫번째

및 두번째 자녀에 대해서는 각각 월 164유로, 세번째 자녀에 대해서는 월 170유로, 네번째 자녀부터는 월 195유로를 지급한다.

Kirchensteuer 교회세

종교단체가 그의 경비를 조달하기 위하여 신도들로부터 징수하는 세금을 말한다. (근로소득세에 한정해서 볼 때)독일에서는 세무서가 근로자로부터 근로소득세(→ Lohnsteuer)를 원천징수할 때 교회세를 함께 징수하는데, 세율은 주에 따라 상이하며, 근로소득세액의 8% 혹은 9%이다. 본인이 신고하여, 근로소득세카드(→ Lohnsteuerkarte)에 종교명이 명시되어 있는 경우에만 교회세가 부과된다.

Kommanditgesellschaft 합자회사

합명회사(→ Offene Handelsgesellschaft)가 변형된 형태이다. 합자회사는 주주(사원)의 일부만이 회사 채권자에 대해 일정한 재산 출자액에 한해서만 책임진다는 점에서 합명회사와 구별된다. 무한책임사원(→ Komplementär)과 유한책임사원(→ Kommanditist)으로 이루어진다. 따라서 합자회사는 인적회사(→ Personengesell-schaft)와 물적회사(→ Kapitalgesellschaft)의 혼합형태라고 할 수 있다.

Kommanditgesellschaft auf Aktien 주식합자회사

물적회사(→ Kapitalgesellschaft)로서, 법적으로 특수한 형태의 주식회사이다. 최소한 1인의 무한책임사원(→ Komplementär)은 회사 채권자에 대해 무한책임을 지기 때문에, 무한책임사원의 지위가 문제될 때에는 합자회사에 관한 규정이 적용된다. 그 외에는 특별규정이 없는 한, 주식회사에 적용되는 규정이 동일하게 적용된다.

Kommanditgesellschaft mit einer Gesellschaft mit beschränkter Haftung   유한합자회사

합자회사의 한 유형으로서, 유한회사(→ GmbH)가 무한책임사원(→ Komplementär)으로 참여하는 회사의 형태이다. 대개 무한책임사원인 유한회사의 사원(주주)이 합자회사의 유한책임사원(→ Kommanditist)이 된다. 무한책임사원이 유한회사인 법인이다 보니 결국은 무한책임사원의 책임이 자신이 출자한 재산에 한정되는 결과가 된다.

Kommanditist   유한책임사원 (합자회사의)

→ Kommanditgesellschaft

Komplementär   무한책임사원 (합자회사의)

→ Kommanditgesellschaft

Konformitätserklärung   적합선언서

EU 시장에 제품을 유통시키기 위해서는, 해당 제품이 안전, 건강, 위생 및 환경에 관한 EU의 규격에 부합해야 한다. 공인된 인증 절차에 따라 공인기관의 승인을 얻어서, 제품의 제조자 또는 수입업자는 적합선언서에 서명하고, CE 인증마크를 부착함으로써 비로소 EU 시장에 제품을 유통시킬 수 있다. 적합선언서는 제품, 생산 프로세스, 경영시스템 등에 관하여, 국제규격에 부합되도록 생산했다는 것을 스스로 기술한 서류이다. 특별히 요구되는 형식이 없으며, 가장 단순한 형태의 적합선언서는 해당 제품에 적용된 여러가지 국제 규격들을 나열하는 것으로 충분하다.

Konkurrenzanalyse 경쟁사 분석

마케팅 환경분석(→ Situationsanalyse)의 외부분석 중에서 가장 중요한 것으로서, 경쟁사의 전략, 경영자원, 매출액, 시장점유율, 이익 등에 관해 분석하는 것이다.

Konkurrenzorientierte Preisfestlegung 경쟁사중심 가격설정

마케팅의 가격전략(→ Preispolitik) 중 가격설정의 한 방법으로서 시장에서 강력한 경쟁자가 가격선도자(→ Preisführer)의 역할을 하고 있을 경우 그 가격에 맞추어서 가격을 설정하는 방식을 말한다.

Konkurs 파산

회사의 청산(→ Liquidation) 및 해산(→ Auflösung)과 관련된 개념으로서, 특히 재판상 절차를 일컫는 용어이다.

Kontenrahmen 계정과목분류표

각 기업마다 서로 다른 계정과목을 사용하고, 또한 상이하게 분류함으로써 생기는 혼란을 피하기 위해 표준화된 분류표를 사용한다. → Industriekontenrahmen(IKR)과 → Gemeinschaftskontenrahmen(GKR)이 있다. 기업들은 각 기업 고유의 영업 특성에 맞추어 표준 계정과목분류표를 자체적으로 일부 수정하여 사용하게 된다.

Konto 계정

부기상의 거래(→ Geschäftsvorfälle)가 발생하면 기업의 자산, 부채, 자본의 증감 및 수익, 비용이 발생한다. 이를 정확히 파악하기 위하여 자산, 부채, 자본, 수익, 비용별로 구체적인 항목을 만

들어서 기록, 계산하는 것이 필요해 진다. 이와 같이 각 항목별로 설정된 기록, 계산의 단위를 계정이라고 한다. 계정은 자산계정, 부채계정, 자본계정, 수익계정, 비용계정으로 대분류된다. 또한 대차대조표에 기재되는 자산, 부채, 자본에 속하는 계정을 대차대조표계정(→ Bestandskonto)이라고 하며, 손익계산서에 기재되는 수익과 비용에 속하는 계정을 손익계산서계정(→ Erfolgs-konto)이라고 한다.

Kontokorrentkonto 당좌예금계정

당좌예금에 관한 회계계정을 말한다. 당좌예금이란 기업이 통상적인 상거래의 지급수단으로 이용하는 요구불예금의 하나로서 주로 은행과 당좌차월계약(→ Kontokorrentvertrag)을 체결하고 예금 잔액을 초과하여 일정 한도까지 자금을 사용할 수 있도록 운용한다.

Kontokorrentkredit 당좌차월

예금주가 은행과 당좌차월계약(→ Kontokorrentvertrag)을 체결하고, 예금 잔액을 초과하여 일정 한도까지 자금을 사용할 수 있는데 이 초과 사용분을 당좌차월이라고 한다. 쉽게 말하면 마이너스 당좌예금이다. 이와 관련하여 세 가지 비용을 고려해야 하는데, (1) 실제 당좌차월로 사용한 부분에 대한 연이자, (2) 약정한 한도에서 실제로 당좌차월로 사용한 부분을 제외한 부분에 대한 차월약정수수료(→ Bereitstellungsprovision). 즉, 실제 차월을 하지 않았더라도 지급해야 하는 수수료, 그리고 (3) 사전에 약정한 한도를 초과하여 인출할 경우, 차월한도초과가 되고, 그

초과분에 대해 지급하는 차월한도초과수수료(→ Überziehungspro-vision)가 그것이다.

Kontokorrentvertrag 당좌차월계약

예금잔액을 초과하여 인출할 수 있도록 은행과 맺은 약정을 말한다. 이 약정에 따라 예금주는 예금잔액을 초과하는 일정 한도까지 인출이 가능하고(→ Kontokorrentkredit) 그에 따른 이자를 부담하게 된다.

Konzernverrechnungspreis 이전가격

→ Verrechnungspreis

Konzessionsverkauf 프랜차이즈

→ Franchising

Körperschaftsteuer 법인세

법인 소득을 과세대상으로 하는 조세이다. 법인을 납세의무자로 한다는 점에서, 개인을 납세의무자로 하는 소득세와 구별된다. 현재 독일의 법인세율은 15%이며, 여기에 법인세액의 5.5%에 해당하는 연대세(→ Solidaritätszuschlag)가 추가되어, 총 15.825%라고 보면 된다. 그러나 법인에 대한 과세에는 법인세 이외에 지방세인 영업세(→ Gewerbesteuer)가 한 가지 더 있다는 것에 유의하도록 한다.

Kostenaufschlagsmethode 원가가산법

이전가격(→ Verrechnungspreis) 과세제도에서 정상가격을 산출하는 방법 중의 하나가 원가가산법이다. 원가가산법은 (1) 특수관계자와의 거래의 한 당사자가 특수관계가 없는 자로부터 구입한 원재료 등을 이용하여 제조하여 특수관계가 없는 자에게 판매 또는 용역을 제공할 때 실현한 원가가산율 또는 (2) 특수관계가 없는 자로부터 구입한 원재료 등을 이용하여 제조하여 또 다른 특수관계가 없는 자에게 판매 또는 용역을 제공하는 제삼자가 실현한 원가가산율을 기초로 산출한 가격을 정상가격으로 보는 방법이다.

Kostorientierte Preisfestlegung 비용중심 가격설정

마케팅의 가격전략(→ Preispolitik) 중 가격설정의 한 방법으로서, 제조원가에 적절한 이익을 붙여서 가격을 설정하는 방식이다. 이 방식의 단점은 역산하여 가격을 정하다 보면, 시장에서 전혀 실현될 수 없는 가격이 나올 위험이 있다는 것이다.

Krankengeld 상병급여

급여계속지급법(→ Entgeltfortzahlungsgesetz)에 따르면, 부상·질병으로 인한 근로불능(→ Arbeitsunfähigkeit)을 이유로 병가를 낸 근로자에게는 6주(토, 일요일 포함해서 42일)까지 사용자가 급여를 계속해서 지급해야 한다. 그러나 6주가 경과하고 나면 더 이상 사용자가 급여를 부담하지 않고 건강보험조합(→ Krankenkasse) 에서 부담하게 되는데 건강보험조합이 부담하는 이 급여를 상병급여라고 한다. 상병급여는 최종 총급여액(→ Bruttogehalt)의 70% 에 해당하는 금액이다. 그러나 이 금액은 순급여액(→ Nettogehalt) 의 90%를 초과해서는 안된다.

Krankenkasse 건강보험조합

1. 공적 건강보험의 수납기관을 말한다. 건강보험 이외의 다른

공보험의 보험료도 매달 이곳에 함께 납부하게 된다. 급여계속지급보험(→ Entgeltfortzahlungsversicherung)의 수납기관이기도 하다. 현재 약 240여 개의 조합이 있다.

2. 이전까지 각 조합에 따라 상이한 건강보험요율을 적용하였기 때문에, 가입자는 요율에 대해 상세히 알아보고 가입해야 했으나, 건강개혁 2007(→ Gesundheitsreform 2007)에 따라, 2009년 1월 1일부터 조합이 자체적으로 각기 다른 요율을 책정하지 못하고, 전국적으로 동일한 보험요율을 적용하고 있다. 2009년부터 적용되는 건강보험요율은 14.6%이다. 즉 사용자와 근로자가 각각 7.3%를 부담하는데, 다만 근로자는 추가로 0.9%를 더 부담해야 한다(2005년 7월부터 적용). 따라서 사용자는 7.3%, 근로자는 8.2%를 부담하게 된다.

Krankenversicherung 건강보험

1. 독일 4대 공보험의 하나로서 2007년 2월부터 시행된 건강보험개혁법안에 따라 2009년부터 모든 건강보험조합(→ Krankenkasse)의 보험요율이 총급여액(→ Bruttogehalt)의 14.6%로서 동일하게 책정되었다. 이 금액을 근로자와 사용자가 각각 50%씩 부담하는데, 다만 근로자는 추가적으로 0.9%를 더 부담해야 한다(2005년 7월 이래로 적용). 따라서 사용자는 7.3% 그리고 근로자는 8.2%를 부담하게 된다.

2. 보험료를 산정하는데 있어서 산정한도금액(→ Beitragsbemessungsgrenze)이 있는데, 2009년의 경우, 월 3,675 유로이다(구서독지역과 구동독지역의 구분이 없음). 따라서 월 급여가 3,675 유로를 초과하는 근로자들은 모두 동일한 액수의 보험료를 납부하

게 된다.

Kreditlimit 차월한도

→ Kontokorrentkredit

Kreditlinie 차월한도

→ Kontokorrentkredit

Kreditorenbuchhaltung 매입채무관리

Kreditor는 공급자 또는 (회사에 대하여) 채권자를 의미한다. 회
계관리상 공급처별 계산서 관리, 출금 및 출금내역 등을 관리하
는 파트를 말한다.

Kündigung 해지

1. 계속적 계약에서 당사자의 일방적 의사표시만으로 그 효력을
장래에 대하여 소멸시키는 것을 말한다.

2. 근로관계에서, 해지라는 법률행위는 사용자가 할 수도 있고,
근로자가 할 수도 있다. 전자는 근로자에 의한 근로계약의 해지(
→ Eigenkündigung), 즉 사직을 말하고, 후자는 사용자에 의한
근로계약의 해지, 즉 해고를 말한다. 실무에서 주로 사용자에 의
한 계약해지가 일반적이기 때문에 해고라는 번역으로 더 많이
사용되나, 해지가 정확한 번역이다.

Kündigungsfrist 해고예고기간

1. 일반해고(→ ordentliche Kündigung)가 유효하기 위해서는 우
선 정당한 해고의 사유가 있어야 하고, 또한 해고예고기간을 준
수해야 한다.

2. 법정해고예고기간은 다음과 같다: 수습기간(→ Probezeit) 동안

에는 사용자와 근로자 모두 2주의 예고기간을 준수해야 하며, 근로자의 근속연수가 2년 미만일 경우, 해고예고기간은 매월 15일 혹은 매월 말일자를 기준으로 4주의 기본예고기간(→ Grundkündigungsfrist)을 준수해야 한다. 근로자의 근속연수(→ Betriebszugehörigkeit)에 따라 사용자가 준수해야 할 예고기간은, 근로자의 근속연수 2년째부터는 월말 기준으로 1개월, 근속연수 5년째부터는 월말 기준으로 2개월, 8년째부터는 월말기준으로 3개월의 예고기간을 준수해야 그 해고가 유효하게 된다.

3. 사용자와 근로자간의 힘의 균형관계를 고려하여 양자에게 동일한 예고기간을 적용하지는 않는다. 근로계약의 해지(→ Kündigung)에 있어서 근로자는 사용자보다 용이하게 근로관계를 종료시킬 수 있다. 즉, 사용자는 위 법정예고기간을 준수하는데 반하여, 근로자는 기본예고기간을 준수하여 근로계약을 해지할 수 있다. 다만, 개별근로계약서에 근로자와 사용자에게 동일한 예고기간을 적용한다고 규정할 수도 있다.

4. 상시 근로자 수가 20인 이하인 회사의 경우, 보다 완화된 형태의 기본예고기간을 정할 수 있다. 즉, 매월 15일 혹은 매월 말일자 기준이 아니라, 어느 시점이라도 상관없이 그 시점으로부터 4주간의 예고기간만 준수하면 된다. 이때 근로자 수의 계산은 주당 근로시간을 기준으로 한다. 주당 근로시간이 20시간 이내인 근로자는 0.5인, 30시간까지는 0.75인 그리고 30시간보다 많을 경우는 1인으로 계산한다.

Kündigungsschutzgesetz 해고제한법

1. 근속연수(Betriebszugehörigkeit)가 6개월 이상인 근로자 수가

10. 25인 이상인 사업장 또는 회사의 근로자는 해고제한법의 적용을 받는다. 이때 근로자의 범위에는 직업훈련생(→ Azubi)이 포함되지 않는다.

2. 해고제한법에 따르면, 근로자를 해고함에 있어서 정당한 해고 사유없이 행한 해고는 부당해고가 되어 무효가 된다. 또한 근로자는 그 해고가 부당하다는 이유로 노동법원(→ Arbeitsgericht)에 소송(→ Kündigungsschutzklage)을 제기할 수 있다. 근로자는 해고통지를 받은 날로부터 3주 이내에 해고의 부당함과 기타 이유에 의한 해고의 무효를 주장하기 위하여 노동법원에 소를 제기해야 한다.

3. 해고제한법상 근로자 수의 계산은 주당 근로시간을 기준으로 한다. 주당 근로시간이 20시간 이내인 근로자는 0.5인, 30시간까지는 0.75인 그리고 30시간보다 많을 경우는 1인으로 계산한다.

Kündigungsschutzklage   해고무효소송, 부당해고소송

1. 근로자는 해고통지를 받은 날로부터 3주 이내에 해고의 부당함과 기타 이유에 의한 해고의 무효를 주장하기 위하여 노동법원(→ Arbeitsgericht)에 소를 제기할 수 있다.

2. 노동법원에서의 재판은 화해심리기일(→ Gütetermin)과 재판기일(→ Kammertermin)로 구분된다. 노동법원의 1심 재판이 진행되기 이전 단계인 화해심리기일에는, 먼저 판사의 주재하에 조정(→Vergleich)이 시도된다. 이 단계에서 판사는 해고보상금(→ Abfindung)을 매개로 해서, 우호적으로 화해를 하도록 유도한다.

Kundenanalyse 고객 분석

마케팅 환경분석(→ Situationsanalyse) 중에서 제품의 구매대상이 되는 고객의 데이터를 분석하는 것을 말한다. 구매인구, 고객세분화, 고객 지역구성, 구매정보의 수집방법, 구매장소의 선정, 구매결정의 이유, 구매 의사결정자, 구매 적정가격 등이 분석의 대상이다.

Kundenskonti 매출할인

→ Skonto

Kursgewinn 외환차익, 환차익

1. 외화로 표시된 채권(외화자산 → Währungsforderungen)이나 채무(외화부채 → Fremdwährungsschulden)의 대금을 수취하거나 지급할 경우, 환율 변동에 의해 발생한 이익을 말한다.

2. 우리나라의 회계원칙에서는 기말 현재 외화로 표시된 채권(외화자산)이나 채무(외화부채)가 있는 경우, 대차대조표일(→ Bilanzstichtag) 현재의 환율로 환산하여 환산된 금액이 장부상 표시된 금액보다 클 경우(환율이 하락한 경우, 즉 평가절상된 경우) 그 차액을 이익으로 계상해야 한다. 이를 외화환산이익이라고 하는데, 독일에서는 실현주의(→ Realisationsprinzip)에 따라 실현되지 않은 외화환산이익은 계상하지 않는다. 따라서 독일에서는 외화환산이익이라는 개념 자체가 없다.

Kursverlust I 외환차손, 환차손

외화로 표시된 채권(외화자산)이나 채무(외화부채)의 대금을 수취하거나 지급할 경우, 환율 변동에 의해 발생한 손실을 말한다.

Kursverlust II 외화환산손실

기말 현재 외화로 표시된 채권(외화자산)이나 채무(외화부채)가 있는 경우, 대차대조표일 현재의 환율로 환산하여, 환산된 금액이 장부상 표시된 금액보다 적으면(환율이 상승한 경우, 즉 평가절하된 경우) 그 차액을 손실로 계상해야 한다. 이를 외화환산손실이라고 한다. 실제로 지출이 일어나는 것은 아니다. 손익계산서상 영업외손실로 기록된다.

Kurzfristige Beschäftigung 단기근무

여름철 휴가기간 등 단기간에 노동력이 필요할 경우에, 단기근무라는 고용형태를 고려할 수 있는데, 몇 가지 요건을 충족시키면 사회보험료가 면제된다. 한 해에 근무기간이 2개월(60일) 혹은 근무일(working day) 기준으로 50일 이하여야 하며, 그 근무가 직업직이고 지속적인 근무가 아니면 허용된다. 이러한 요건을 만족시키면, 미니잡(→ Mini Job)과 같이 사용자에 의한 연금보험과 건강보험의 대납없이 사회보험료가 면제되기 때문에, 미니잡보다 사용자에게 더 유리한 고용형태이다.

Kurzfristige Verbindlichkeiten 유동부채

대차대조표일(→ Bilanzstichtag)로부터 1년 이내에 만기가 도래하는 부채를 말한다. 매입채무, 단기차입금, 미지급금, 미지급법인세, 장기부채 중 1년 이내에 만기가 도래하는 부채 등이 이에 속한다. 대차대조표일로부터 1년 이내에 자산화가 가능한 유동자산(→ Umluafvermögen)을 유동부채로 나눈 비율을 유동비율(→ Liquiditätsgrad)이라고 한다.

Lagebericht 경영현황보고서

결산재무제표(→ Jahresabschluss)에는 포함되지 않으나, 물적회사
(→ Kapitalgesellschaft) 중 중·대기업의 경우에는(→ Größenklas-
sen) 결산재무제표에 더하여 경영현황보고서를 반드시 작성하도
록 하고 있다. 소기업의 경우, 작성할 의무가 없다. 회계연도의
영업활동에 대한 추가 정보를 통해 회사의 경영에 관해 보다 명
확한 현황을 제공할 목적으로 작성된다. 주요한 경영계획과 그
에 따른 기회 및 위험 요소, 연구개발에 관한 내용 및 자회사
관련 사항을 포함해야 한다.

Lagerkartei 상품재고장

→ Bewertung des Endbestands

Lagerumschlag 재고자산회전(율)

→ Lagerumschlagshäufigkeit

Lagerumschlagshäufigkeit 재고자산회전율

재무제표상의 개별 항목간의 비율을 구해서, 그 기업의 재무상
태나 경영성과를 분석하고 판단하는 것을 재무비율(→ Bilanz-
kennzahlen) 분석이라고 하는데 재고자산회전율은 기업의 활동성
을 측정하는 활동성비율(→ Kennzahlen zur Umschlagshäufigkeit)

중의 하나로서 연간 매출액(또는 매출원가)을 평균 재고자산으로 나눈 비율이다. 재고자산이 얼마나 자주 매출을 통해 회전이 되는지 그 회전속도를 나타낸다. 매출원가를 사용하기도 하는데 그 이유는 재고자산이 취득원가로 평가되기 때문에 동일한 기준을 적용하기 위함이다. 365일을 재고자산회전율로 나누면 재고자산회전기간이 산출된다.

Landesarbeitsgericht　주노동법원

주노동법원은 2심법원으로서, 1심판결에 대한 항소(→ Berufung)와 1심결정에 대한 항고(→ Beschwerde)사건을 관할한다. 재판부(→ Kammer)의 구성은 노동법원과 동일하다. 단, 주노동법원의 명예판사는 만 30세 이상이어야 하고, 법원에서 명예판사로서 최소 5년 이상의 경력을 가진 자이어야 한다.

Lebenszyklusanalyse　제품 라이프사이클 분석

→ Produktlebenszyklus

Leiharbeitnehmer　파견근로자

회사에서 일시적, 간헐적으로 인력을 충원해야 할 경우, 인력파견회사(→ Zeitarbeitunternehmer)를 통한 충원이 대안으로 떠 오르게 된다. 회사는 인력파견회사와 근로자파견계약(→ Arbeitnehmerüberlassungsvertrag)을 맺고, 회사의 지휘, 명령 아래 파견근로자를 업무에 투입시킨다. 이때 파견근로자의 법률상의 사용자는 사용사업주(→ Entleiher)가 아니고, 인력파견회사가 된다.

Lieferantenskonti 매입할인

→ Skonto

LIFO 후입선출법

1. 동일한 상품(재공품, 원재료 포함)을 다른 가격으로 매입하였을 경우 판매된 상품의 단가와 남아 있는 상품의 단가를 얼마로 책정해야 할 것인가를 일정한 가정을 통해 정하는 절차를 기말재고자산의 평가(→ Bewertung des Endbestands)라고 하는데 후입선출법(Last in, First out)은 그 중의 한 방법이다.

2. 최근에 매입한 상품이 먼저 판매된 것으로 가정하여 기말재고와 매출원가를 구하는 방법이다. 따라서 매출원가는 최근에 구입한 상품의 원가로 구성되며 기말재고는 이전에 구입한 상품의 원가로 구성된다. 인플레이션 시기에 이 방법에 따라 기말재고를 평가하게 되면 대차대조표일 현재 재고자산은 상대적으로 낮게 평가되고 매출원가는 상대적으로 높게 책정되며 따라서 기간이익은 상대적으로 낮게 계상된다.

3. 일단 채택된 평가방법은 정당한 사유가 없는 한 계속적으로 적용(→ Stetigkeitsgebot)해야 한다. 왜냐하면 평가 방법에 따라 기간손익(→ Periodenergebnis)에 영향을 미치기 때문이다.

lineare Abschreibung 정액법

감가상각대상금액을 내용연수(→ Nutzungsdauer)동안 균등하게 배분하는 감가상각(→ Abschreibung) 방식이다. 따라서 매기(매년)의 감가상각비(→ Abschreibungsbetrag)는 동일하게 된다.

Liquidation 청산

회사가 해산(→ Auflösung) 결의를 하고, 그 잔여재산을 처리하는 과정을 말한다. 우선 회사는 청산인(→ Liquidator)을 지명하고(주로 회사의 대표가 청산인의 역할을 맡게 된다), 상업등기소에 청산절차의 개시를 신고하며, 주주의 해산결의를 최소 3회 이상 관보(→ Bundesanzeiger)에 게재하고, 1년간 채권자의 통지 및 이의제기를 기다려야 한다. 청산인은 청산대차대조표를 작성하고, 회사의 채권과 채무를 모두 정리한 후, 1년-대기기간의 완료 후에 청산세무신고를 하고 난 후, 회사의 잔여재산을 주주에게 분배하고, 최종적으로 상업등기소에 청산절차의 완료를 신고하게 된다.

Liquidator 청산인

회사가 해산(→ Auflösung) 결의를 하고, 그 잔여재산을 처리하는 과정을 청산이라고 하는데, 이러한 청산 절차를 적법하게 수행하도록 청산인을 지명해야 한다(주로 회사의 대표가 맡게 된다). 청산인은 상업등기소에 등기를 해야 하며, 청산기간 종료 후 청산재무제표를 작성하여, 세무신고까지 완료한 후, 상업등기소에 청산 절차의 완료를 신고함으로써 그 업무가 종료된다.

Liquide Mittel 현금성자산

현금, 예금 및 단기에 현금화가 가능한 유가증권을 말한다.

Liquidität 유동성

수입(→ Einnahmen 또는 Einzahlungen)과 지출(→ Ausgaben 또는 Auszahlungen)의 상관관계에 따라 추가의 지출에 여유가 있을 때 이를 유동성이 있다고 한다. 일반적으로 유동성이라고 하면,

현금, 예금 등과 같이 즉시 현금화가 가능한 자산을 말하며, 채
무를 충당할 수 있는 능력을 말하기도 한다. 따라서 유동성이란
곧 지급능력이기도 하다.

Liquidität 1. Grades 유동비율 I

→ Liquiditätsgrad

Liquidität 2. Grades 유동비율 II 또는 당좌비율

→ Liquiditätsgrad

Liquidität 3. Grades 유동비율 III

→ Liquiditätsgrad

Liquiditätsgrad 유동비율

재무제표상의 개별 항목간의 비율을 구해서, 그 기업의 재무상
태나 경영성과를 분석하고 판단하는 것을 재무비율(→ Bilanz-
kennzahlen) 분석이라고 한다. 유동비율은 기업의 지급능력(Zah-
lungsfähigkeit)을 평가하는 유동성비율(→ Liquiditätskennzahlen)
의 하나로서, 측정하는 방법에 따라 유동비율 I, II, III으로 나누
어진다. 유동비율 I(→ Liquidität 1. Grades)은 영어로는 Cash Ratio
이며, 현금성자산(→ liquide Mittel)을 유동부채(→ kurzfristige Ver-
bindlichkeiten)로 나눈 비율이고, 유동비율II(→ Liquidität 2. Grades)
혹은 당좌비율(Quick Ratio)은 당좌자산(→ Geldvermögen)을 유동
부채로 나눈 비율이며, 유동비율 III(→ Liquidität 3. Grades)은
영어로는 Current Ratio이며, 유동자산(→ Umlaufvermögen)을 유
동부채로 나눈 비율을 말한다. 이러한 구분은 유동자산 중에서
현금화(Geldnähe)가 되는 순서를 기준으로 구분한 것이다.

Liquiditätskennzahlen 유동성비율

재무제표상의 개별 항목간의 비율을 구해서, 그 기업의 재무상태나 경영성과를 분석하고 판단하는 것을 재무비율(→ Bilanzkennzahlen) 분석이라고 한다. 이 중 유동성비율은 기업의 단기채무에 대한 지급능력을 측정하는 지표로서, 대표적으로는 유동비율(→ Liquiditätsgrad) I, II, III 이 있다.

Lohnsteuer 근로소득세

사업소득이 아닌 근로소득(갑종근로소득)으로부터 원천징수하여 납부하는 소득세(→ Einkommensteuer)를 말한다.

Lohnsteuerkarte 근로소득세 카드

근로 제공에 대한 대가로 근로소득을 받는 근로자가 급여계산(→ Gehaltsabrechnung)을 하기 위하여 회사에 제출하는 서류로서, 급여계산을 위한 기본적인 자료인, 성명, 주소, 생년월일, 과세등급(→ Steuerklasse), 종교명 및 자녀 수가 기재되어 있다. 거주지 동사무소에서 발급하며, 매년 말에 다음 해에 사용할 근로소득세카드가 우편으로 보내진다.

[$\mathcal{M}$]

Markenfamilienstrategie 패밀리브랜드전략

브랜드전략(→ Markenpolitik)의 하나로서, 하나의 브랜드 아래에 여러가지 개별 제품들을 묶어서 공급하는 전략이다. 바이어스도르프(Beiersdorf)사의 니베아, 청정원 등이 대표적인 패밀리브랜드이다.

Markenpolitik 상표전략

상표란 상인이 자신이 생산 또는 판매하는 제품 / 상품에 부착하는 표장을 말한다. 상표가 상표로서 가치를 가지는 것은, 제품에 상표를 사용함으로써 다른 제품과 자신의 제품을 구별시키는데 있다. 제품전략(→ Produktpolitik)의 하위 전략으로서, 브랜드전략이라고 표현하기도 한다. 개별브랜드전략(→ Einzelmarkenstrategie), 패밀리브랜드전략(→ Markenfamilienstrategie), 중심브랜드전략(→ Dachmarkenstrategie), 복수브랜드전략(→ Mehrmarkenstrategie)으로 구분된다.

Marketinginstrumente 마케팅 도구

마케팅 목표를 달성하기 위해 사용하는 도구로서, 제품(product), 가격(price), 유통(place), 판매촉진(promotion)을 말하며, 머리글자를 따서 "마케팅의 4P"라고 한다. 요즘에는 4P 이외에 인적자원

(people), 프로세스(process) 등을 추가하기도 한다. 기업이 영향을 미치기 어려운 외부환경과 달리, 마케팅 도구는 직접 통제가 가능하기 때문에 중요하게 다루어진다.

Marketingkontrolle 마케팅 통제

마케팅 활동이 제대로 실행이 되고 있는지, plan-do-see-check (feedback)을 통해 계속적으로 체크를 해 나가야 하는데, 이러한 과정을 마케팅 통제라고 한다.

Marketingmix 마케팅 믹스

마케팅 도구(→ Marketinginstrumente) 또는 마케팅의 4P를 효율적으로 결합시켜 마케팅 목표를 달성하는 전략을 마케팅 믹스라고 한다. 즉, 보다 좋은 제품을, 적정한 가격으로, 효율적으로 유통시키고, 효과적인 광고활동을 통해 판매를 촉진하는 것이다. 위 4가지 관점에서 각각의 전략을 수립하는 것이 마케팅의 기본이다.

Marktanteil 시장점유율

마케팅 포지셔닝(→ Positionierung)과 관련하여, 자사의 시장에서의 위치를 가늠하는 가장 손쉬운 방법이 시장점유율을 조사하는 것이다. 시장점유율의 정도에 따라 시장선도자(Marktführer), 도전자, 추종자 및 적소자(nicher)로 구분할 수 있으며, 시장에서의 위치에 따라 마케팅 목표와 전략이 달라지게 된다.

Marktforschung 시장조사

소비자의 성향, 경쟁사, 시장규모 등 시장을 정확하게 파악하기 위한 조사를 말한다. 시장조사가 완료되면, 앤소프(H.I. Ansoff)의

"제품과 시장의 영역분석(→ Produkt-Markt-Matrix)" 이론을 참고하여 전략을 수립하는데, 이때 제품과 시장을 각각 신규와 기존으로 분류해서, 그 결합에 따라 4가지 시장전략을 세운다. (1)기존 시장-기존 제품: 시장침투 전략을 세운다. (2)기존 시장-신규 제품: 신제품개발 전략을 세운다. (3)신규 시장-기존 제품: 시장개발 전략을 세운다. (4)신규 시장-신규 제품: 제품다양화 전략을 세운다.

Marktsegmentierung 시장세분화

시장을 정확하게 파악하기 위한 활동으로서, 제품에 맞게 시장을 세부적으로 쪼개고, 타깃을 정하여, 제품개발이나 판매활동을 원활하게 하기 위한 것이다. 즉, 제품의 생산에서부터 유통, 프로모션에 이르기까지 일관된 마케팅전략을 수립 / 집행하기 위해 잠재소비자의 성향을 명확히 파악하는 것이다. 시장세분화를 위한 기준으로는 연령, 성별, 직업, 지역, 가족구성, 기호, 학력, 성격 등 다양한 관점이 사용된다.

Massenentlassung 대량해고

일정한 규모 이상의 근로자를 해고하는 사용자는 이를 노동사무소(→ Agentur für Arbeit)에 신고해야 하는데, 이와 같이 노동사무소에 신고 의무가 있을 정도의 근로자를 해고할 경우 대량해고라고 한다. 근로자 수가 21인 이상에서 60인 미만인 회사의 경우, 해고 근로자가 최소 6인 이상이면 대량해고라고 한다. 근로자 수가 61인 이상에서 500인 미만의 경우, 해고 근로자가 전체 근로자의 10% 이상이거나 또는 최소 26인 이상일 경우 대량

해고라고 한다. 근로자 수가 500인 이상인 경우, 해고 근로자가 최소 30인 이상이면 대량해고라고 한다.

Media-Mix 미디어 믹스

둘 이상의 광고매체(→ Werbeträger)들을 결합하여 광고하는 것을 말한다.

Mehrarbeit 초과근무

→ Überstunde

Mehrmarkenstrategie 복수브랜드전략

브랜드전략(→ Markenpolitik)의 하나로서 동일한 제품에 대하여 각기 상이한 상표를 사용하는 것을 말한다. 담배, 세탁기용 세척제 시장과 같이 포화상태에 도달한 시장에서 많이 사용하는 방법이다. 광고비가 많이 드는 단점이 있다.

Mehrwertsteuer 부가가치세

생산 및 유통의 각 과정에서 창출된 부가가치에 대해 과세되는 세금이다. 납세의무자와 실제로 세금을 부담하는 담세자(＝최종소비자)가 다른 세금으로서, 모든 종류의 재화나 용역의 소비행위에 대하여 부과되는 일반소비세를 말한다. → Umsatzsteuer 라고도 부른다.

Mengenrabatt 수량할인

가격할인 전략(→ Rabattpolitik)의 하나로서, 대량 구입의 경우에 가격 할인을 해 주는 것을 말한다.

Mini Job 미니잡

1. 단시간 근로(→ geringfügige Beschäftigung)의 한 종류로서 월

평균 급여가 400 유로를 넘지 않는 고용형태를 말한다. 회사에서 일시적으로 인력이 필요하거나 아주 단순한 업무를 위해 인력을 고용하고자 할 경우(사무실 청소, 자산 실사, 자료 정리 등), 미니잡이 대안으로 떠오르게 된다.

2. 월평균 급여가 400유로를 넘지 않는 미니잡의 경우, 근로소득세와 사회보험료가 면제된다. 이를 위해서는 전제조건이 있는데, 사용자가 근로자를 대신해서 연금보험료를 일괄요율인 15%를 적용하여 대납해 주고, 또한 건강보험을 일괄요율인 13%를 적용하여 대납(공보험에 가입되어 있을 경우에만 해당)해 주어야 한다.

3. 미니잡의 경우, 근로소득세카드(→ Lohnsteuerkarte) 없이 급여 계산을 할 수도 있는데, 이때는 사용자가 2%의 일괄세율로 근로소득세를 대납해 주면 된다.

Mitbestimmungsgesetz 공동결정법

1. 영미식 노사관계법과 특징적으로 구별되는 것으로서, 독일 기업(물적회사)의 최고 의사결정기구라고 할 수 있는 감사회(→ Aufsichtsrat)의 위원을 노사 동수로 구성하도록 강제하고 있는 독특한 법이다.

2, 상시 근로자 2,001인 이상의 모든 물적회사에 적용된다. 예를 들어 상시 근로자 2,001인 이상 그리고 10,000인 이하의 기업은 노사 대표 각 6인의 감사회 위원을 두어야 한다. 이로써 근로자 대표는 회사의 경영에 직접적으로 참여할 수 있게 된다.

3. 감사회에서의 의결시, 노사간 가부동수의 문제는 감사회 의장에게 2개의 의결권을 주어 캐스팅 보터의 역할을 하게 함으로써

해결하고 있다.

Mitbestimmungsrecht 공동결정권

1. 경영조직법(→ Betriebsverfassungsgesetz)에 따라 경영협의회(→ Betriebsrat)에 부여된 가장 강력한 권한으로서 사회적 사안(경영조직법 제87조) 및 인사와 관련된 사안(경영조직법 제99조)에 있어서 공동결정권이 부여된 사안에 대해서는 경영협의회의 동의가 없이는 사용자가 단독으로 그 사안을 시행할 수 없다.

2. 사규 제정, 근로시간에 관한 사항, 휴가사용에 관한 일반 규정의 제정, CC 카메라 등의 설치, 성과급 급여체계의 도입, 채용 등 개별 인력관리와 관련된 사항의 시행에는 경영협의회의 동의가 반드시 필요하다.

Montan-Mitbestimmungsgesetz 광산업공동결정법

광산 채굴업 및 철강업을 주로 영위하는 상시 근로자 1,001인 이상의 물적회사(→ Kapitalgesellschaft)의 근로자 대표가 감사회(→ Aufsichtsrat)에 참여할 수 있는 근거를 마련한 법률이다. 동 법에 따르면, 동 산업에 종사하는 기업의 감사회는 주주측 위원 5인, 근로자측 위원 5인 및 1인의 중립적 인사로 구성해야 한다. 또한 이 법에 따라 감사회는 이사회(→ Vorstand) 멤버 중 1인을 인사노무관리를 전담할 노무이사(Arbeitsdirektor)로 선임해야 한다.

Mutterschaftsgeld 산전후휴가급여

1. 모성보호법(→ Mutterschutzgesetz)에 따르면, 출산 전 6주에서 출산 후 8주(조산 및 쌍둥이 출산은 12주)까지는 임산부보호기간(→ Mutterschutzfrist)이라고 하여 근로가 금지되는데, 이 기간

동안은 건강보험조합(→ Krankenkasse)이 사용자를 대신하여 공보험에 가입되어 있는 임신 중인 여성근로자에게 산전후휴가급여를 지급하게 된다.

2. 산전후휴가급여는 하루 13유로를 초과할 수 없다. 만약 근로자의 하루 순급여액이 13유로를 초과하게 되면, 이 초과분에 대해서는 사용자가 지급해야 한다. 이 사용자 지급분을 산전후휴가급여에 대한 사용자의 보조금(→ Arbeitgerberzuschuss zum Mutterschaftsgeld)이라고 한다.

Mutterschutzfrist   임산부보호기간

모성보호법(→ Mutterschutzgesetz)에 따르면, 출산 전 6주에서 출산 후 8주(조산 및 쌍둥이 출산은 12주)까지는 임산부의 근로가 금지(→ Beschäftigungsverbot)되는데, 이 기간을 임산부보호기간이라고 한다.

Mutterschutzgesetz   모성보호법

1. 취업 중인 임산부의 건강을 보호하기 위한 법으로서, 이 법에 따르면 출산 전 6주에서 출산 후 8주(조산 및 쌍둥이 출산은 12주)까지는 임산부보호기간(→ Mutterschutzfrist)이라고 하여, 근로가 금지(→ Beschäftigungsverbot)된다.

2. 이 법에 따라 임신 기간 동안 그리고 출산 후 4개월이 경과하기 이전에는 몇 가지 예외적인 경우를 제외하고는 일반해고(→ ordentliche Kündigung)가 금지된다.

[𝒩]

Nachfrageorientierte Preisfestlegung　수요중심 가격설정

마케팅의 가격전략(→ Preispolitik) 중 가격설정의 한 방법으로서, 소비자가 기꺼이 지불할 준비가 되어 있는 가격을 중심으로 가격을 결정하는 방식을 말한다. 수요가 크다면 높은 가격을 설정할 수 있다. 시장에 대한 정확한 정보가 필수적이다.

Namensaktie　기명주식

주주의 성명이 주주명부(→ Aktienbuch)에 기입되어 있는 주식을 말한다. 특정사항에 대해 우선권이 있느냐 없느냐에 따라 보통주(→ Stammaktie)와 우선주(→ Vorzugsaktie)로 분류되고, 주주의 성명이 주주명부에 기입되느냐 혹은 그렇지 않느냐에 따라 기명주식(→ Namensaktie)과 무기명주식(→ Inhaberaktie)으로 분류된다.

Natürliche Person　자연인

모든 사람을 일컫는 말로서 민법상 권리의 주체를 말한다.

Naturalrabatt　현물할인

가격할인 전략(→ Rabattpolitik)의 하나로서 가격 할인 대신에 공짜 선물을 주는 것을 말한다.

Nettogehalt　순급여(액)

총급여(→ Bruttogehalt)에 대한 개념으로서, 근로소득세와 사회보

험료를 원천징수한 이후의 급여액을 말한다. 급여에 대한 압류(→
Gehaltspfändung)의 경우, 압류금액의 산정을 위한 기준이 된다.

Netzwerk-Marketing　네트워크 마케팅

중간 유통업자를 통하지 않고, 소비자의 인적 네트워크를 이용
해 제품을 판매하는 방식이다. 디스트리뷰터라고 불리는 자문판
매자(독일에서는 Berater로 부른다)를 통해 최종 소비자에게 직접
판매한다.

Neuproduktentwicklung　신제품개발

제품전략(→ Produktpolitik)에서 가장 중요한 것이 제품 개발과
시장 도입단계이다. 왜냐하면 연구개발 단계에서 가장 많은 비
용이 발생하며, 시장 도입단계에서 실패의 위험이 가장 높기 때
문이다. 신제품개발 프로세스는 통상적으로 다음의 8단계로 이
루어진다. 아이디어 수집(Ideensammlung), 아이디어 선택(Ideen-
auswahl), 제품 컨셉 책정(Erarbeitung eines Konzeptes), 마케팅전
략 수립(Erarbeitung einer Marketingstrategie), 경제성 분석(Analyse
der Wirtschaftlichkeit), 시제품 개발(Entwicklung des Produktes), 제
품 테스트(Test des Produktes), 시장 도입(Markteinführung).

Niederstwertprinzip　저가주의, 저가법

재고자산은 외부에 판매됨으로써 기업에 효익을 제공하기 때문에
기말 현재 보유하고 있는 재고자산에 대해서는 시가(→ Tageswert,
→ Zeitwert)로 평가하여 공시하는 것이 정보이용자들에게 보다
합목적적인 정보가 되겠지만 보수주의(→ Vorsichtsprinzip) 관점
에서는 저가법을 적용하는 것이 일반적이다. 재고자산의 평가에

서 원가(또는 장부가 → Buchwert 라고도 한다)와 시가를 비교하여 낮은 쪽을 택하여 평가하는 것을 저가주의 또는 저가법이라고 한다. 즉, 시가가 취득원가보다 높을 경우에는 취득원가로 평가하지만, 시가가 취득원가보다 낮을 경우에는 보수주의에 따라 시가로 평가한다. 따라서 인플레이션 시기에 선입선출법(→ FIFO)을 적용함으로서 기말재고자산의 시가가 취득원가보다 높다면 선입선출법을 적용하여 기말재고자산의 가액을 산정하는 것이 허용되지 않는다.

Nominelle Kapitalerhöhung　무상증자

실질적으로 자본금이 증가되는 유상증자(→ effektive Kapital-erhöhung)와 달리 무상증자는 자본의 구성과 발행주식수만 변경되는 형식적인 증자를 말한다. 즉, 이익준비금(→ gesetzliche Rücklage)과 자본잉여금(→ Kapitalrücklage)을 법정자본금(→ Grundkapital)으로 전입하고, 증가된 자본금에 해당하는 만큼의 신주, 즉 무상주(→ Gratisaktie)를 발행하여 기존 주주에게 무상으로 배정하게 된다.

Nominelle Kapitalherabsetzung　무상감자

→ Kapitalherabsetzung

Nutzungsdauer　내용연수

유형자산(→ Sachanlagen)을 영업활동에 사용할 수 있는 기간, 즉 수익획득 과정에 사용될 것으로 기대되는 기간을 말한다. 영업용으로 사용되다가 나중에 쓸모없게 될 때까지의 기간이다. 여기서 내용이란 단어는 '계속해서 사용'한다는 의미이다.

[O]

Objective-and-Task-Methode   목표과제달성법

광고예산(→ Werbebudget)을 책정하는 방식의 하나로서, 목표를 명확하게 정한 후, 이를 달성하기 위한 여러 전략을 수립하고 각각의 전략에 필요한 예산을 더해서 예산을 결정하는 방식이다. 실무에서 적용하는 것이 쉽지 않으나 가장 합리적인 방식이다.

Offene Handelsgesellschaft   합명회사

조합의 변형으로서, 공동의 상호 아래 상업을 경영하는 것을 목표로 하며, 모든 사원이 회사 채권자에 대해 무한책임을 진다.

Offenlegungspflicht   공시의무

상법 제325조에 따라, 물적회사(→ Kapitalgesellschaft)는 결산재무제표를 상업등기부(→ Handelsregister) 또는 관보(→ Bundes-anzeiger)에 공시해야 할 의무가 있다. 소기업의 경우, 대차대조표(→ Bilanz)와 주석(→ Anhang)만 상업등기부에 공시하면 되고, 중기업의 경우는 대차대조표, 손익계산서(→ Gewinn-und Verlust-rechnung), 주석(→ Anhang) 및 경영현황보고서(→ Lagebericht)를 상업등기부에 공시해야 하며, 대기업의 경우 대차대조표, 손익계산서, 주석 및 경영현황보고서를 관보에 공시해야 한다. → Publi-zitätspflicht 라고도 한다.

Öffentliches Recht 공법

국민으로서의 사람의 생활을 규율하는 법을 공법이라 하고, 일반인의 사적 생활관계에 대해 이를 규율하는 법을 사법(→ Privatrecht)이라고 한다. 헌법, 국제법, 행정법, 형법 등은 공법에 속하고, 민법(→ Bürgerliches Recht), 상법(→ Handelsrecht)은 사법에 속한다.

OHG 합명회사

합명회사(→ Offene Handelsgesellschaft)의 약어

Optionsanleihe 신주인수권부사채

신주를 청약할 수 있는 권리가 부여된 사채를 말한다. 우리나라의 경우 분리형 및 비분리형 신주인수권부사채를 나누어 발행하나, 독일의 경우 분리형만 발행된다. 따라서 (신주)인수권(Options-schein)만 따로 매각할 수 있다. 신주를 우선적으로 매입할 수 있는 권리가 있기 때문에, 동일한 액면이자율의 일반사채보다 더 높은 가격으로 발행된다(채권의 발행가가 높다는 것은 액면이자율이 낮다는 것을 말한다). 전환사채(→ Wandelanleihe)와 다른 점은, 신주인수권부사채는 신주인수권(→ Bezugsrecht)을 행사하더라도 사채는 그대로 남아 있다는 것이다.

Ordentliche Kündigung 일반해고

1. 해고에는 일반해고와 즉시해고(→ außerordentliche Kündigung)가 있는데, 해고예고기간(→ Kündigungsfrist)이 있느냐 혹은 없느냐를 기준으로 구별한다.

2. 즉시해고의 경우는 위반의 사안이 중대하여, 해고예고기간을 준수할 필요없이 즉각 해고를 할 수 있는 경우에 사용하는 용어

인 반면에, 일반해고라고 하는 것은, 우선 해고의 사유가 존재해
야 함은 말할 것도 없고 또한 해고통지를 함에 있어서 해고예고
기간을 준수하여야 그 해고가 적법해지는 경우에 사용하는 용어
이다.

[P]

Pfändungsbeschluss 압류결정

→ Gehaltspfändung

Passive Rechnungsabgrenzungsposten 대변경과계정

→ Rechnungsabgrenzungsposten

Passivkonto 대변계정

기초금액(혹은 전기이월)과 기중 금액의 증가가 대변에 기입되는 계정을 통칭해서 말한다. 부채계정, 자본계정 및 수익계정은 대변계정이다.

Passivtausch 대변교환거래

기업에서 일어나는 모든 회계거래(→ Geschäftsvorfälle)는 자산의 증가와 감소, 부채의 증가와 감소, 자본의 증가와 감소 및 수익의 발생과 비용의 발생이라는 8개의 거래요소로 구성되어 있다. 이러한 요소들이 서로 결합하여 회계거래를 구성하게 되고, 이에 따라 분개(→ Buchungssatz)를 하게 된다. 이를 가장 단순한 4가지 거래로 압축하여 표시하면, 차변교환거래, 대변교환거래, 차대변증가거래, 차대변감소거래로 나눌 수 있다. 이 중에서, 분개시 대변계정(→ Passivkonto)들간의 결합으로 이루어지는 거래를 말한다. 예를 들어 매입채무(부채의 감소)를 차입금으로 전환(부채의 증가)한 경우이다.

Pensionsfonds 연금기금

국가가 주체가 되는 공적 연금보험(→ Rentenversicherung)과 달리, 기업이 주체가 되어 근로자를 위해 운영하는 연금제도를 기업노령연금제도(→ betriebliche Altersversorgung)라고 하는데 주로 직접보장(→ Direktzusage), 연금공제조합(→ Pensionskasse), 연금기금 및 직접보험(→ Direktversicherung)의 형태를 통해 운영되고 있다. 연금기금은 연금공제조합과 유사한 개념으로서, 연금공제조합보다 약간 느슨한 형태의 기업노령연금제도를 수행하는 제도로 이해하면 된다.

Pensionskasse 연금공제조합

국가가 주체가 되는 공적 연금보험(→ Rentenversicherung)과 달리 기업이 주체가 되어 근로자를 위해 운영하는 연금제도를 기업노령연금제도(→ betriebliche Altersversorgung)라고 하는데 주로 직접보장(→ Direktzusage), 연금공제조합, 연금기금(→ Pensionsfonds) 및 직접보험(→ Direktversicherung)의 형태를 통해 운영되고 있다. 연금공제조합은 여러 기업들이 공동으로 출자하여 운영하는 일종의 생명보험회사라고 이해하면 된다.

Pensionsrückstellung 퇴직연금충당금

→ Direktzusage

Percentage-of-Profit-Methode 이익비율법

광고예산(→ Werbebudget)을 책정하는 방식의 하나로서 이익의 몇 %로 광고예산을 결정하는 방식이다. 이익이 감소할 경우 광고예산이 줄어들고, 그로 인해 이익이 더욱 감소되는 악순환에 빠질 수 있다는 것이 이 방식의 단점으로 지적된다.

Percentage-of-Sales-Methode 매출액비율법

광고예산(→ Werbebudget)을 책정하는 방식의 하나로서, 매출액의 몇 %로 광고예산을 결정하는 방식이다. 매출이 감소할 경우, 광고예산이 줄어들고, 그로 인해 매출 감소가 더욱 심화되는 악순환에 빠질 수 있다는 것이 이 방식의 단점으로 지적된다.

Periodenergebnis 기간손익

한 회계기간(→ Geschäftsjahr) 내의 수익(→ Erträge)과 이에 대응하는 비용(→ Aufwendungen)을 계산하여 기간이익(당기순이익 → Jahresüberschuss) 또는 기간손실(당기순손실 → Jahresfehlbetrag)을 측정하는데 이 두 가지를 합쳐서 기간손익이라고 통칭한다.

Periodengerechte Buchführung 발생주의

1. 물리적인 현금의 수취 및 지출보다는 현금의 수입과 지출이 일어나게 하는 거래가 발생했을 때 그 발생사실에 따라 수익과 비용을 인식하는 방법을 말한다. 회계원칙상으로 인정되는 기간손익(→ Periodenergebnis)의 계산 방식이다. 즉, 수익, 비용 등을 그것이 발생한 회계기간에 귀속시킴으로써 그 기간의 정확한 경영성과를 측정하기 위한 것이다.

2. 우리말의 발생주의, 영어의 accrual basis 에 정확히 부합하는 독일어 용어는 없다.

Personalakte 인사기록카드

근로자의 신상과 인사에 관한 자료를 총칭한다. 형식이나 내용에 제한이 있는 것은 아니다. 통상적으로 개인 신상에 관한 자료(입사서류 포함), 사회보험에 관한 자료, 각종 증명서 및 기타 서류를 포함한다. 연방정보보호법(→ Bundesdatenschutzgesetz)에 따라, 사용자는 근로자의 개인 신상에 관한 자료가 제삼자에 의해 열람되지 못하도록 엄밀한 보안을 통하여 관리하여야 한다.

Personelle Preisdifferenzierung 인적 가격차별화

개인의 구매력, 구매습관, 구매의향에 따라 다른 가격을 설정하는 가격차별화(→ Preisdifferenzierung)를 말한다. 사회정책상 고령자, 학생 등에 대한 입장료 할인이 이에 해당된다.

Personenbedingte Kündigung 일신상의 사유에 의한 일반해고

1. 해고제한법(→ Kündigungsschutzgesetz)에 따르면, 사용자가 근로자를 해고할 경우, 반드시 정당한 사유를 제시해야 하며, 이러한 정당한 해고 사유없이 행한 해고는 부당해고가 되어 무효가 된다.

2. 정당한 해고 사유에 의한 일반해고(→ ordentliche Kündigung)는 i) 일신상의 사유에 의한 일반해고 ii) 행태상의 사유에 의한 일반해고(→ verhaltensbedingte Kündigung) iii) 기업경영상의 사유에 의한 일반해고(→ betriebsbedingte Kündigung)로 나눌 수 있다.

3. 일신상의 사유는, 주로 질병 때문에 근로계약상의 의무를 더 이상 지속할 수 없을 경우에 해당한다. 또한 근로자의 육체적 또는 지적 능력에 기인한 문제로 인하여 그 근로자의 업무 성과가 지속적으로 타 근로자의 50% 이하 밖에 안 될 경우도 일신상의 사유에 해당한다.

Personengesellschaft 인적회사

다수의 자연인이 결합하여 이루어진 회사로서, 회사 사원의 자격이 사람을 중심으로 이루어진다. 민법상의 조합(→ Gesellschaft des bürgerlichen Rechts) , 합명회사(→ Offene Handelsgesellschaft), 합자회사(→ Kommanditgesellschaft)가 있다.

Pflegeversicherung 간병보험

1. 독일의 4대 공보험의 하나로서, 2009년에 적용되는 보험요율은 총급여액(→ Bruttogehalt)의 1.95%이고, 이 금액을 근로자와 사용자가 각각 50%씩 부담한다. 그러나 자녀가 없는 근로자는 추가적으로 0.25%를 더 부담해야 한다(2005년 1월 이래로 적용). 따라서 자녀가 있는 근로자는 0.975%를 부담하고, 자녀가 없는 근로자는 1.225%를 부담하며, 사용자 부담분은 0.975%가 된다.

2. 보험료를 산정하는데 있어서 산정한도금액(→ Beitrags-bemessungsgrenze)이 있는데, 2009년의 경우, 월 3,675유로이다(구서독지역과 구동독지역의 구분이 없음). 따라서 월 급여가 3,675유로를 초과하는 근로자들은 모두 동일한 액수의 보험료를 납부하게 된다.

Portokasse 소액현금

우편료, 소모품비, 교통비 등 일상적으로 발생하는 소액경비에 충당하기 위해 마련해 둔 소액의 현금을 말한다.

Positionierung 포지셔닝

경쟁기업들과의 효과적인 경쟁을 위하여 마케팅 믹스(→ Marketingmix)를 활용하여, 소비자의 마음속에 자사 제품의 정확한 위치를 설정시키는 것을 말한다. 포지셔닝을 위해서는 우선 소비자 분석을 통해 소비자의 불만요인을 파악하고, 두번째로는 경쟁사와 자사의 포지션을 파악하고, 마지막으로는 소비자 및 시장분석을 통해 포지셔닝을 조정하는 리포지셔닝 단계를 거치게 된다.

Preisdifferenzierung 가격차별화

수요중심 가격설정(→ nachfrageorientierte Preisfestlegung)의 하위 전략으로서, 기본적으로 어떤 특정 제품에 대해 상이한 가격을 설정하는 것을 말한다. 지역적(→ räumliche P.), 인적(→ personelle P.), 시간적(→ zeitliche P.), 제품모델별(→ P. nach Produktvarianten), 유통경로별(→ P. nach Distributionswegen) 그리고 용도별(→ verwendungsbezogene P.) 가격차별화로 구분할 수 있다.

Preisdifferenzierung nach Distributionswegen

유통경로별 가격차별화

유통경로에 따라 다른 가격을 설정하는 가격차별화(→ Preisdifferenzierung)를 말한다. 약국에서 팔리는 피부관리제가 수퍼마킷에서 팔리는 (약간의 변형을 꾀한) 피부관리제보다 비싸게 판매되는 것이 유통경로별 가격차별화의 대표적인 예이다.

Preisdifferenzierung nach Produktvarianten

제품모델별 가격차별화

제품의 모델별로 다른 가격을 설정하는 가격차별화(→ Preisdifferenzierung)를 말한다. 이는 실제로 시장에서 지역별(→ räumliche Preisdifferenzierung), 인적 가격차별화(→ personelle

Preisdifferenzierung)를 실행하기가 용이하지 않기 때문인데, 오히려 제품에 다양한 변형을 꾀함으로써 표준모델(Standardprodukt), 저급 혹은 고급모델(Luxusvariante)별로 각각 다른 가격을 설정하는 것이다.

Preisfestlegung 가격설정

→ Preispolitik

Preisführer 가격선도자

시장에서 가격의 변동이 시장의 한 참가자에 의해 좌우되고, 나머지 시장 참가자들은 그 가격에 적응하는 경우, 가격을 좌우하는 시장 참가자를 가격선도자라고 한다. 시장점유율(Marktanteil)이 가장 높거나, 원가우위(Kostenvorteil)를 점하고 있는 시장 참가자가 가격선도자가 된다.

Preispolitik 가격전략

4가지 마케팅 도구(→ Marketinginstrumente) 또는 마케팅의 4P를 효율적으로 결합시켜 마케팅 목표를 달성하는 전략을 마케팅 믹스(→ Marketingmix)라고 하는데, 이 4가지 마케팅 도구 중 가격에 관한 세부적인 전략을 가격전략이라고 한다. 신제품에 대한 가격설정, 기존제품에 대한 가격변경 등을 내용으로 한다. 가격설정의 방법으로는 (1) 수요중심 가격설정(→ nachfrageorientierte Preisfestlegung), (2) 비용중심 가격설정(→ kostorientierte Preisfestlegung), (3) 경쟁사중심 가격설정(→ konkurrenzorientierte Preisfestlegung)이 있다. 휘발류, 설탕 등과 같이 차별화가 어려운 동종제품(homogene Produkte)의 경우에는 가격이 구매의 결정적인 요인이 된다.

Preisvergleichsmethode 비교가능 제삼자 가격법

이전가격(→ Verrechnungspreis) 과세제도에서 정상가격을 산출하는 방법 중의 하나가 비교가능 제삼자 가격법이다. 이 방법은 국외특수관계자와의 거래와 유사한 거래상황에서 동 특수관계거래의 한 당사자가 특수관계없는 자와의 거래에 적용된 가격 또는 서로 특수관계가 없는 제삼자간의 거래에 적용되는 가격을 정상가격으로 보는 방법이다.

Privathaftpflichtversicherung 개인책임보험

→ Haftpflichtversicherung

Privatrecht 사법

국민으로서의 사람의 생활을 규율하는 법을 공법(→ Öffentliches Recht)이라 하고, 일반인의 사적 생활관계에 대해 이를 규율하는 법을 사법이라고 한다. 민법(→ Bürgerliches Recht), 상법(→ Handelsrecht)은 사법에 속하고, 헌법, 국제법, 행정법, 형법 등은 공법에 속한다.

Probezeit 수습기간

1. 근로계약을 체결한 양 당사자가 서로를 테스트하는 기간이다. 이 기간 동안에는 근로관계를 수월하게 종료할 수 있기 때문에 근로계약서에 수습기간을 명기하는 것이다.

2. 민법 제622조 3항에 따르면, 수습기간은 6개월을 초과하여 정할 수 없다. 수습기간 동안에 근로관계를 종료하기 위해서는, 근로자와 사용자가 똑같이 2주의 해고예고기간(→ Kündigungsfrist)

을 준수하여야 한다. 수습기간의 마지막 날에 해고 통지를 하더라도 그 해고통지는 유효하다. 이 경우 근로관계의 종료 시점은 수습기간의 마지막 날로부터 2주가 경과한 날짜가 될 것이다.

Produktdifferenzierung　제품차별화

마케팅의 4가지 도구(→ Marketinginstrumente) 중 하나인 제품에 관한 전략(→ Produktpolitik)의 하위 전략의 하나로서, 시장에서 경쟁사보다 우위에 서기 위해 기능, 서비스 등에서 타사의 제품과 구별 짓게 하는 것을 말한다. 제품변화(→ Produktvariation)가 새로운 제품에 대한 것이라면, 제품차별화는 기존 제품에 대한 변화를 말한다. 예를 들어 현대 쏘나타 III, EF쏘나타, NF쏘나타 등과 같이 새 모델이 이전 모델을 대체한다면, 이는 제품변화가 되고, 그렇지 않고 기존 모델에 새로운 옵션을 추가한다든지 혹은 새로운 엔진을 장착하는 것은 제품차별화가 된다. 만약 하이브리드 카를 생산한다면 이는 제품혁신(→ Produktinnovation)에 해당될 것이다.

Produktdiversifikation　제품다양화

마케팅의 4가지 도구(→ Marketinginstrumente) 중 하나인 제품에 관한 전략(→ Produktpolitik)의 하위 전략의 하나로서, 제품의 종목(Programm)을 확대하는 것을 말한다. 이에는 수직적 다양화(vertikale Diversifikation), 수평적 다양화(horizontale Diversifikation), 이종적 다양화(laterale Diversifikation)가 있다. 여기서 이종적 다양화란 지금까지와는 전혀 다른 종류의 제품을 생산하는 것을 말한다.

Produktelimination 제품제거

마케팅의 4가지 도구(→ Marketinginstrumente) 중 하나인 제품에 관한 전략(→ Produktpolitik)의 하위 전략의 하나로서, 제품의 라이프사이클이 쇠퇴기에 접어들었다든지 혹은 제품을 출시했으나 시장에서 제대로 판매가 되지 않는다든지 할 경우 생산 프로그램에서 제거시켜야 할 것이다. 제품제거의 경우, 당장 눈앞의 매출이 줄어들기 때문에 이러한 결정을 하기가 쉽지 않으나, 미래에 일어날 큰 손실을 줄이기 위해서는 냉정하게 의사결정을 해야 할 것이다.

Produkthaftpflichtversicherung 생산물배상 책임보험

상품의 설계, 제작상의 결함이나, 사용상의 주의에 대한 고지의 무를 소홀히 함으로써 제품의 사용자가 다치게 될 경우, 제품의 제작자가 부담해야 할 배상책임을 대신해 주는 보험을 말한다. PL 보험(Product Liability Insurance)이라고도 한다.

Produktinnovation 제품혁신

마케팅의 4가지 도구(→ Marketinginstrumente) 중 하나인 제품에 관한 전략(→ Produktpolitik)의 하위 전략의 하나로서, 신제품의 개발에 관한 전략을 말한다.

Produktlebenszyklus 제품수명주기

제품 라이프사이클이라고도 하며, 제품의 매출 및 현금흐름과 관련하여, 제품이 시장에 출시되는 도입기(Einführungsphase)부터 시작하여, 성장기(Wachstumsphase), 성숙기(Reifephase), 포화기(Sättigungsphase) 및 쇠퇴기(Niedergangsphase)를 거치는 전 과정을 말한다.

Produktlebenszyklus 제품 라이프사이클

제품도 생물체와 마찬가지로 태어나서 소멸할 때까지 몇가지 수명의 단계를 거친다는 것을 나타낸 것이다. 제품수명주기라고도 한다. 제품수명주기이론에 따르면 제품을 도입기(→ Einführungsphase), 성장기(→ Wachstumsphase), 성숙기(→ Reifephase), 포화기(→ Sättigungsphase)및 쇠퇴기(→ Rückgangsphase)로 구분하여 각각에 맞는 마케팅 활동을 수행해야 한다고 한다.

Produkt-Markt-Matrix 제품-시장-영역분석

Ansoff-Matrix 라고도 하는데, 제품과 시장을 각각 신규와 기존으로 분류해서, 그 결합에 따라 4가지 시장(성장)전략을 세우는 것이다: (1) 기존 시장-기존 제품: 시장침투 전략을 세운다. 기존 고객에 대한 매출의 증대, 신규 고객 창출, 경쟁사 고객 불러오기 등을 통한 시장점유율 제고를 모색한다. (2) 기존 시장-신규 제품: 신제품개발 전략을 세운다. 제품혁신(→ Produktinnovation)이 관건이다. (3) 신규 시장-기존 제품: 시장개발 전략을 세운다. 시장의 지역적 확대를 꾀한다. (4) 신규 시장-신규 제품: 다양화(→ Produktdiversifikation) 전략을 세운다. 가장 위험성이 높은 성장 전략이다.

Produktpolitik 제품전략

4가지 마케팅 도구(→ Marketinginstrumente) 또는 마케팅의 4P를 효율적으로 결합시켜 마케팅 목표를 달성하는 전략을 마케팅 믹스(→ Marketingmix)라고 하는데, 이 4가지 마케팅 도구 중 마케팅의 핵심이라고 할 수 있는 제품에 관한 세부적인 전략을 제품전략이라고 한다. 제품전략은 제품혁신(→ Produktinnovation), 제품다양화(→ Produktdiversifikation), 제품변화(→ Produktvariation), 제품차별화(→ Produktdifferenzierung) 및 제품제거(→ Produktelimination)에 관한 전략으로 구분할 수 있다.

Produkt-Portofolio-Matrix   제품 포트폴리오 매트릭스

기업의 경영전략 수립을 위한 도구로서, Bosten Consulting Group 에 의해 70년대 초 개발된 것이다. BCG 매트릭스라고도 부르며, 제품 또는 제품군을 매트릭스의 4분면안에 배치함으로써 손쉽게 overview를 갖고 전체를 파악할 수 있다는 장점을 가지고 있다. 각 사분면을 그 특성에 맞춰, 각각 star, cash cow, dog, question mark 라고 부른다. 시장성장율과 상대적 시장점유율에 따라 4가지 결합을 상정할 수 있다: (1)고성장-고점유율: star. 수익과 매출이 모두 높은 주력상품(군)이 속한 분면이다. 투자전략을 취해야 한다. (2)고성장-저점유율: question mark 또는 problem children. 시장의 성장성은 높은데, 시장점유율이 낮은 제품(군)이 속한 분면이다. 투자를 해야할 지 혹은 사업을 포기해야 할 지 결정해야 한다. 투자를 한다면 많은 유동성이 필요하다. 공격적 전략을 취해야 한다. (3)저성장-고점유율: cash cow. 라이벌은 없고(시장의 성장성이 낮으므로 신규진입이 없다), 시장점유율이 높은 제품(군)이 속한 분면이다. 안정적으로 캐쉬 플로우가 창출된다. 우선 높은 가격을 책정해 수익을 한껏 끌어올린 후, 점차 가격을 내리는 전략을 취해야 한다. (4)저성장-저점유율: dog. 성장도 낮고, 점유율도 낮은 제품(군)으로서 철수를 고려해야 한다. BCG

매트릭스의 시사점은, 4분면 모두를 전체적으로 조망하면서, 재무적인 균형을 취하는 것이다. 즉, question mark 에 해당하는 제품에 추가 투자를 하기 위해서는 cash cow 에서 지속적인 캐쉬 플로우가 창출되어야 한다. star 와 cash cow 에 속하는 제품 (군)을 늘리는 것이 중요하다.

Produktvariation   제품변화

마케팅의 4가지 도구(→ Marketinginstrumente) 중 하나인 제품에 관한 전략(→ Produktpolitik)의 하위 전략의 하나로서, 제품이 출시된 후 시간의 경과에 따라 기존 제품의 기능, 디자인 등에 변화를 주는 것을 말한다. 제품변화는 제품 라이프사이클(→ Produkt-lebenszyklus)과 밀접한 관계가 있다.

Progressionsvorbehalt   누진유보제도

소득세법 제32b조상의 소득은, 그 자체로는 비과세대상 소득으로서 과세표준에 포함되지는 않으나, 세율을 정할 때는 가공으로 과세표준에 가산되어, 가산된 과표에 따른 세율을 확정짓고, 가공으로 가산된 소득을 다시 차감한 과표에 이 세율을 적용하는 방식으로 소득세율을 다소 다르게 적용하는데, 이러한 소득세율 적용방식을 누진유보제도라고 한다. 이렇게 계산하면 상대적으로 다소 높은 세율이 적용되어 근로소득세를 조금 더 많이 납부하게 된다.

Protektionszoll   보호관세

→ Schutzzoll

Prüfungspflicht 감사의무

상법 제242조 및 제264조에 따라, 모든 회사는 매 회계연도에 결산재무제표(→ Jahresabschluss)를 작성해야 한다. 결산재무제표는 대차대조표(→ Bilanz), 손익계산서(→ Gewinn- und Verlustrechnung) 및 주석(→ Anhang)을 말한다. 물적회사(→ Kapitalgesellschaft)의 경우, 규모에 따른 분류(→ Größenklassen)를 통해 소 / 중 / 대기업으로 나누는데, 상법 제316조 이하에 따라, 중 / 대기업의 경우는 외부감사인(→ Abschlussprüfer)에 의해 결산재무제표에 대한 회계감사(→ Abschlussprüfung)의 의무가 부과된다. 이를 감사의무라고 한다.

Publizitätspflicht 공시의무

상법 제325조에 따라, 물적회사(→ Kapitalgesellschaft)는 결산재무제표를 상업등기부(→ Handelsregister) 또는 관보(→ Bundesanzeiger)에 공시해야 할 의무가 있다. 소기업의 경우, 대차대조표(→ Bilanz)와 주석(→ Anhang)만 상업등기부에 공시하면 되고, 중기업의 경우는 대차대조표, 손익계산서(→ Gewinn-und Verlustrechnung), 주석 및 경영현황보고서(→ Lagebericht)를 상업등기부에 공시해야 하며, 대기업의 경우, 대차대조표, 손익계산서, 주석 및 경영현황보고서를 관보에 공시해야 한다. → Offenlegungspflicht 라고도 한다.

[Q]

Quellensteuer 원천세

특정한 세금의 명칭이 아니고, 어떤 소득에 대해 발생 단계에서 미리 징수하는 세금을 총칭한다. 영어로는 withholding tax라고 하며, 배당(→ Dividende)에 대한 배당세는 원천세의 대표적인 예이다.

Quick Ratio 당좌비율 또는 유동비율 II

→ Liquiditätsgrad

Rabattpolitik 가격할인 전략

정가를 적용하고 있음에도 불구하고, 가격할인을 보장해 줌으로써 일종의 가격차별화(→ Preisdifferenzierung)의 여지를 가질 수 있는 장점이 있다. 할인의 유형으로는 현금할인(→ Barrabatt), 현물할인(→ Naturalrabatt), 기능할인(→ Funktionsrabatt), 수량할인(→ Mengenrabatt), 계절할인(→ Saisonrabatt)이 있다.

Rangrücktrittserkärung 채권포기각서

법인의 총자산이 총부채를 넘지 않을 경우를 자본잠식(→ Überschuldung)이라고 하는데, 이 경우 한국의 본사(주주)가 자회사에 대해 지급한 대여금(채권)을 포기한다는 내용의 각서를 제출함으로써, 동 금액만큼 총부채에서 차감됨으로써(즉, 채권포기각서가 제출된 대여금이 더 이상 타인자본이 아닌 자기자본으로 취급됨으로써) 자본잠식의 상태를 회피할 수 있다. 대부분의 한국계 법인의 경우, 과소한 납입자본으로 법인을 설립하고, 본사의 차입금으로 법인을 운영하는 관계로 자본잠식이 간혹 발생하는데, 이 경우 채권포기각서를 작성함으로써 문제를 해결할 수 있다.

Räumliche Preisdifferenzierung 지역별 가격차별화

지역에 따라 다른 가격을 설정하는 가격차별화(→ Preisdifferenzierung) 전략을 말한다. 지역별 가격차별화를 설정하기 위해서는 각각의 시장이 지리적으로 확연하게 구별되어질 수 있어야 한다. 여기서 상이한 가격을 어떻게 설정하느냐의 기준은 각 시장별 구매력의 차이와 각 시장 내의 경쟁 상황이다.

Realisationsprinzip 실현주의

기간손익(→ Periodenergebnis)에 영향을 주는 수익을 언제 인식해야 하는가에 대한 기준을 말하는 것으로서, 수익이 실현되는 시점에 수익을 인식해야 한다는 보수적 관점(→ Vorsichtsprinzip)에 따른 회계작성 원칙을 말한다. 재화나 용역을 판매하는 시점에 판매금액을 합리적으로 측정할 수 있으므로, 수익인식기준으로서 판매기준을 적용한다.

Rechnungsabgrenzungsposten   경과계정

1. 회계기간 중에 현금주의(cash basis)에 의해 회계처리한 사항은 기말결산 시점에서 발생주의(accrual basis)로 수정해야 한다. 즉, 이미 현금으로 받은 수익 중 당기에 속하지 않는 부분(선수임대료 등 선수수익)은 당기의 수익에서 차감하는 동시에 일시적인 부채계정을 설정하여 대변에 기입하고, 그 잔액을 차기(Folgeperiode)로 이월시켜야 한다(수익의 이연). 마찬가지로 당기에 속하는 비용으로서 미지급분(미지급임차료 등 미지급비용)이 있으면, 이를 당기의 비용에 가산하고 동시에 일시적인 부채계정을 설정하여 대변에 기입하고, 그 잔액을 차기로 이월시켜야 한다. 이 일시적인 부채계정을 통칭하여 대변경과계정(→ passive Rechnungsabgrenzungsposten)이라고 한다.

2. 당기에 현금 지급한 비용 중 차기의 비용으로 인식하여야 할 부분(선급임차료 등 선급비용)은 당기의 비용에서 차감하는 동시에 일시적인 자산계정을 설정하여 차변에 기입하고, 그 잔액을 차기로 이월시켜야 한다(비용의 이연). 마찬가지로 당기에 속하는 수익 중에서 미수분(미수임대료 등 미수수익)이 있을 경우, 이를 당기의 수익에 가산하고 동시에 일시적인 자산계정을 설정하여 차변에 기입하고, 그 잔액을 차기로 이월시켜야 한다. 이 일시적인 자산계정을 통칭하여 차변경과계정(→ aktive Rechnungsabgrenzungsposten)이라고 한다. 이 차변경과계정과 대변경과계정을 통칭하여 단순히 경과계정이라고 한다.

Rechtsschutzversicherung   법률비용보험

법적인 분쟁으로 인해 발생하는 법률비용의 일정액을 보험금으로 지급하는 보험을 말한다. 법률비용에는 변호사 선임료, 재판비용, (손해사정인의) 감정비용, 패소했을 경우 상대방의 변호사비용 등이 포함된다. 실제 법률 분쟁이 발생했을 경우가 아니라, 예방적 차원에서의 법률 자문을 받는 비용은 포함되지 않는 것이 일반적이다. 보험의 대상과 범위에 따라서 모듈화되어 있기 때문에, 전체 보험 패키지에 가입하든지 혹은 대상별로 따로 가입한다. 기업의 임원급들을 위한 Top-Manager-Rechtsschutzversicherung 등이 있는데, 이는 형사소송이나, 근로계약관계 등으로부터의 법률 분쟁으로 인하여 임원이 개인적으로 부담해야 할 손해배상책임에 대비하여 가입하는 보험이다. 직원의 해고를 둘러싼 해고무효소송에 드는 변호사비용 등이 대상이 아니라, 근로관계를 둘러싼 분쟁으로 인하여, 직원이 임원 개인에게 개인적 차원의 손해배상을 제기할 경우를 대비한 보험이다.

Reifephase 성숙기

제품수명주기(→ Produktlebenszyklus) 이론에 따르면, 제품이 개발되어 시장에 나온 후, 도입기(→ Einführungsphase), 성장기 (→ Wachstumsphase), 성숙기, 포화기(→ Sättigungsphase), 쇠퇴기 (→ Rückgangsphase)를 거치게 된다. 제품수명주기 이론에 근거하여 각 단계별로 각기 다른 마케팅 활동을 수행해야 하는데, 성숙기에서는 수요는 계속 증가하나, 그 증가율은 줄어들고, 매출이 정점에 도달하게 된다. 할인업자에 의한 가격경쟁이 심화되어 이익폭이 줄어든다. 이때는 경쟁사와의 차별화(→ Produkt-differenzierung)를 위해 제품의 다양한 변종을 개발해야 한다.

Reisekosten 출장비

업무상 출장에 대해 지급되는 일당(→ Verpflegungsmehraufwen-dungen), 숙박비(→ Übernachtungskosten), 교통비(→ Fahrtkosten) 및 기타 출장비(→ Reisenebenkosten)를 통칭하여 말한다.

Reisenebenkosten 기타 출장비

출장 중에 발생한 주차료, 공항에서의 수하물 보관료 등을 말한다. 회사는 이 비용을 비과세로, 즉 근로소득세를 원천징수하지 않고 지급할 수 있다.

Rentabilität 수익성

수익(→ Erträge)과 비용(→ Aufwendungen)의 상관관계에 따른 비교 결과를 수익성이라고 한다.

Rentabilitätskennzahlen 수익성비율

재무제표상의 개별 항목간의 비율을 구해서, 그 기업의 재무상태나 경영성과를 분석하고 판단하는 것을 재무비율(→ Bilanzkennzahlen) 분석이라고 한다. 이 중 수익성비율은 일정기간 동안의 수익성을 측정하는 비율로서, 총자본이익율(→ Gesamtkapitalrentabilität), 자기자본이익율(→ Eigenkapitalrentabilität), 매출액순이익율(→ Umsatzrendite), 투자수익율(→ Return on Investment) 등의 비율이 있다.

Rentenversicherung 연금보험

1. 독일의 4대 공보험의 하나로서, 2009년에 적용되는 보험요율은 총급여액(→ Bruttogehalt)의 19.9%이고, 이 금액을 근로자와 사용자가 각각 50%씩 부담한다. 즉, 근로자는 본인의 총급여액의 9.95%를 부담하고, 사용자는 동일한 금액을 부담하여, 총 19.9%에 해당하는 보험료를 납부한다.

2. 보험료를 산정하는데 있어서 산정한도금액(→ Beitragsbemessungsgrenze)이 있는데, 2009년의 경우, 구서독지역은 월 5,400유로이고, 구동독지역은 월 4,550유로이다. 따라서 구서독지역의 경우, 월 급여가 5,400유로를 초과하는 근로자들은 모두 동일한 액수의 연금보험료를 납부하게 된다.

Restwert 잔존가액

유형자산의 내용연수(→ Nutzungsdauer)가 끝나는 시점에, 자산을 폐기하거나 또는 처분함으로써 획득될 것으로 추정되는 금액에서 처분비용을 차감한 금액을 말한다. Restbuchwert 라고도 한다.

Return on Investment 투자수익률

재무제표상의 개별 항목간의 비율을 구해서, 그 기업의 재무상태나 경영성과를 분석하고 판단하는 것을 재무비율(→ Bilanz-kennzahlen) 분석이라고 한다. 투자수익율은 기업의 수익성을 측정하는 수익성비율(→ Rentabilitätskennzahlen)의 하나로서, 미국 듀폰사에 의해 개발된 것이다. 순이익을 자본으로 나눈 비율이 투자수익율이다. 부연하면, 투자수익률을 결정하는 요인을 수익성과 회전율, 즉 매출액순이익률(→ Umsatzrentabilität)과 자본회전율(→ Kapitalumschlagshäufigkeit)로 분해해서 파악하고 있다 (순이익 / 자본＝순이익 / 매출액 x 매출액 / 자본).

Revision 상고

상고란 2심판결에 대항하여 연방노동법원(→ Bundesarbeitsgericht)에 제기하는 불복신청을 말한다. 사건의 진위 여부는 가리지 않고, 법률에 대한 해석만을 검토한다(법률심). 연방노동법원은 3심 법원으로서, 2심판결에 대한 상고(→ Revision) 사건을 관할한다.

Roh-, Hilfs- und Betriebsstoffe 원재료 (재고자산)

→ Vorräte

Rückgangsphase 쇠퇴기

제품수명주기(→ Produktlebenszyklus) 이론에 따르면, 제품이 개발되어 시장에 나온 후, 도입기(→ Einführungsphase), 성장기(→ Wachstumsphase), 성숙기(→ Reifephase), 포화기(→ Sättigungsphase), 쇠퇴기를 거치게 된다. 제품수명주기 이론에 근거하여 각 단계별로 각기 다른 마케팅 활동을 수행해야 하는데, 쇠퇴기에서는 매출이 계속해서 감소하게 되며, 더 이상 이익을 실현할 수 없게 된다. 광고도 일부만 하거나, 혹은 아예 중단된다. 판매비용이 높지 않은 일부 시장에서만 계속해서 판매를 할 수도 있다. 제품제거(→ Produktelimination)의 의사결정을 해야 할 시점이다.

Rückstehungserklärung   채권후순위청구각서

법인의 총자산이 총부채를 넘지 않을 경우를 자본잠식(→ Überschuldung)이라고 하는데, 이 경우 한국의 본사(주주)가 자회사에 대해 가지고 있는 채권에 대해, 다른 채권자에 대한 채무가 모두 상환되고 난 후에 청구하겠다는 내용의 각서를 제출함으로써, 동 금액이 총부채에 가산되지 않게 되고, 따라서 자본잠식의 상태를 회피할 수 있다.

Rückstellung für Aufwendungen für Instandhaltung   수선충당금

→ Rückstellungen

Rückstellung für drohende Verluste aus schwebenden Geschäften   대손충당금

→ Rückstellungen

Rückstellung für Gewährleistungen   판매보증충당금

→ Rückstellungen

Rückstellungen   충당금

지불해야 할 금액 중 대차대조표일(→ Bilanzstichtag) 현재까지 그 최종 금액과 만기가 확정되지 않은 지출을 위한 준비금을 충당금이라고 한다. 즉 아직 만기와 최종 금액을 알 수 없는 특정한 지출에 대한 준비금이다. 대손충당금(→ Rückstellung für drohende

Verluste aus schwebenden Geschäften), 납세충당금(미래 지급해야 할 각종 세금에 대한 충당금 → Rückstellung für Steuern), 수선충당금(→ Rückstellung für Aufwendungen für Instandhaltung), 판매보증충당금(→ Rückstellung für Gewährleistungen) 뿐 아니라, 현재 진행 중인 재판의 결과에 따른 지출을 위한 충당금(Rückstellung für Gerichtskosten), 미래에 지급할 성과급에 대한 충당금 등도 있다.

Rüge 질책

근로자의 문제 행위에 대해 처음부터 해고를 염두에 두고, 경고장을 발송하는 것은 적절치 않다. 크게 심각하지 않고 또한 일회성의 문제 행위에 대해서는 우선 가볍게 꾸짖음으로써 근로자에게 시그널을 전달해야 한다. 질책을 서면으로 하면 상대방이 너무 심각하게 받아들일 우려가 있기 때문에, 구두로 하는 것이 좋다.

Ruhenszeit 휴지기간 (실업급여의)

근로관계종료계약(→ Aufhebungsvertrag)을 체결함으로써 근로자는 실업자가 되어 실업급여(→ Arbeitslosengeld I)를 수령하게 되는데, 이때 만약 근로자가 일반해고에 해당되었다면 부여 받았을 해고예고기간(→ Kündigungsfrist)을 스스로 포기한 셈이므로, 노동사무소(→ Agentur für Arbeit)는 이 기간을 휴지기간으로 정하고, 이 기간에는 실업급여를 지급하지 않는다. 그러나 동 계약에서 근로관계의 종료시점을 해고예고기간을 고려하여 정했다면, 휴지기간의 설정을 회피할 수 있고, 따라서 근로자는 이로 인한 불이익을 받지 않을 수 있다.

Rumpfgeschäftsjahr　자투리회계연도

효율적인 경영을 위해 일정기간마다 재무상태와 경영성과를 파악하는 것이 필요하다. 이와 같이 인위적으로 6개월 또는 1년 등으로 구분한 기간을 회계연도(→ Geschäftsjahr) 혹은 회계기간 이라고 한다. 이러한 일반적인 회계연도보다 짧은 회계연도를 자투리회계연도라고 하는데 연중에 회사가 개업하여 영업을 시작했다면 그 첫 회계연도가 자투리회계연도가 된다.

[S]

Sachanlagen 유형자산

기업이 투자목적이 아닌, 영업에 사용할 목적을 가지고, 장기적
으로 보유하고 있는 고정자산(→ Anlagevermögen) 중에서 물리
적인 형태가 있는 자산을 말한다. 유형고정자산이라고도 한다. 토
지(Grundstücke), 건물, 기계장치(Technische Anlagen und Maschinen),
비품(Andere Anlagen, Betriebs- und Geschäftsausstattungen) 등이
이에 해당한다.

Sachbezüge 현물급여

근로관계로부터 발생하는 것으로서, 사용자가 근로자에게 지불하
는 현금이 아닌 현물 형태의 급여를 말한다. 사택을 사용하게 한
다든지, 골프년회원권, 업무용 차량의 사용도 모두 현물급여에
해당한다. 이러한 현물급여도 현금급여와 마찬가지로 근로소득세
납부 대상이기 때문에 급여계산시 항상 이를 포함시켜야 한다.

Sacheinlagen 현물출자

설립시 설립발기인에 의해 이루어지는 영업용 토지 또는 건물
등 금전이 아닌 현물에 의한 출자를 말한다. 증자(→ Kapital-
erhöhung)시 현물에 의한 납입 또한 현물출자라고 한다.

Saisonrabatt 계절할인

가격할인 전략(→ Rabattpolitik)의 하나로서, 계절별로 매출 변동이 심한 의류업계에 흔한 할인전략이다. 계절이 바뀌어 재고로 남을 제품을 할인 판매한다든지 혹은 거꾸로 계절이 오기 전에 미리 주문을 확보하게 해 줄 경우(선주문하는 고객에 대해)에 할인가격을 적용해 준다.

Sättigungsphase 포화기

제품수명주기(→ Produktlebenszyklus) 이론에 따르면, 제품이 개발되어 시장에 나온 후, 도입기(→ Einführungsphase), 성장기(→ Wachstumsphase), 성숙기(→ Reifephase), 포화기, 쇠퇴기(→ Rückgangsphase)를 거치게 된다. 제품수명주기 이론에 근거하여 각 단계별로 각기 다른 마케팅 활동을 수행해야 하는데, 포화기에서는 매출이 더 이상 늘어나지 않고, 오히려 줄어들게 된다. 지속적인 제품차별화(→ Produktdifferenzierung)를 통해 경쟁에서 살아 남으려는 노력을 계속해야 한다. 그러나 대부분의 기업은 이때쯤 시장을 포기하게 된다.

Satzung 정관 (주식회사의)

주주의 권리관계를 규정한 서면을 말한다. 회사 설립의 기본 요건으로서, 회사 설립시 공증을 받아 상업등기부(→ Handelsregister)에의 등재를 위해 해당 법원(Amtsgericht)에 제출해야 한다.

Scheinselbständigkeit 가장자영업

1. 외양은 개인 자영업자로서 프리랜서(→ Freie(r) Mitarbeiter(in))이나, 실제로는 근로자(→ Arbeitnehmer)인 경우를 말할 때 사용

하는 사회보험법상의 개념이다. 사용자는 근로계약에 따라 근로자를 채용해서 보수를 지급할 경우, 근로소득세(→ Lohnsteuer)와 사회보험료(→ Sozialversicherungsbeitrag)를 원천징수해서 납부해야 할 의무가 있다. 그러나 이러한 납부 의무를 회피하고, 해고제한법(→ Kündigungsschutzgesetz) 등 근로계약상의 여러가지 법규정을 회피하고자 할 경우에 프리랜서로 가장된 근로자를 고용하기도 한다.

2. 가장자영업자를 고용한 것으로 판정이 나면, 사용자는 최소한 지난 4년간 소급해서 소득세를 추징당하게 되며, 사회보험료도 소급해서 납부해야 한다.

Schenkungsteuer 증여세

1. 경제적 가치가 있는 재산의 무상이전에 대해 부과하는 세금이다. 사망을 원인으로 하는 재산이전에 대해서는 상속세(→ Erbschaftsteuer)를 부과하고, 사망 이전의 재산이전에 대해서는 증여세를 부과한다. 과세체계는 상속세와 동일하다. 증여인(Schenker)과 수증인(Beschenkte)의 관계에 따라 3개의 과세등급으로 나누어지며, 세율은 과세표준(기초공제 후) 52,000유로까지는 과세등급에 따라 각각 7%, 12%, 17%부터 적용되기 시작하여, 점점 증가하다가, 과세표준 25,565유로 이상에서는 과세등급에 따라 각각 30%, 40%, 50%의 세율이 부과된다. 2. 업무용 자산(Betriebsvermögen)의 경우, 일정한 요건을 갖추면 증여세의 부과가 10년 동안 유예(Stundung)되며, 매 1년 마다 10%씩 경감된다.

Schlichter   중재자

→ Schlichtung

Schlichterspruch   중재안

단체교섭(→ Tarifverhandlung)이 결렬되어, 쟁의행위(→ Arbeitskampf)에 들어가기 이전에 중재(→ Schlichtung)가 행해지면, 중재위원회(Schlichtungskommission)의 중재에 의해 중재안이 만들어진다. 그러나 이 중재안에 대해 합의가 강제되는 것은 아니다.

Schlichtung   중재

단체교섭(→ Tarifverhandlung)이 결렬될 경우, 교섭의 한 당사자의 요청이 있을 경우, 혹은 자동적으로 중재위원회가 구성되는데, 중재위원회(Schlichtungskommission)는 양측을 대변하는 위원들과 중립적인 위원장으로 구성된다. 위원회에 의해 중재안(→ Schlichterspruch)이 제시되는데, 그러나 이 중재안에 대해 합의가 강제되지는 않는다(kein Einigungszwang).

Schlichtungsabkommen   중재협약

단체교섭(→ Tarifverhandlung)이 결렬되어, 쟁의행위(→ Arbeits-kampf)에 들어가게 되면, 개별기업 차원에서나 국민경제적으로 많은 비용이 발생하게 된다. 이를 회피하기 위해 쟁의행위에 돌입하기 이전에 자동적으로 중재(→ Schlichtung)가 행해지기도 하는데, 이와 같이 분쟁 당사자들 일방의 요청 없이도 자동적으로 중재가 행해지도록 사전에 이에 대해 협약한 것을 중재협약이라고 한다. 모든 산업 전체가 이 협약에 가입한 것은 아니며, 산업별로 협약의 내용도 상이하다. 예를 들어, 금속산업과 전자산업

분야는 양 당사자가 협의하지 않으면, 일방의 요청에 의해 중재가 자동적으로 행해지지 않는다.

Schlichtungskommission   중재위원회

→ Schlichtung

Schlichtverfahren   중재제도

단체교섭(→ Tarifverhandlung)이 결렬되어, 쟁의행위(→ Arbeitskampf)에 돌입하기 전에 마지막으로 분쟁을 해결하기 위한 시도가 중재(→ Schlichtung)이며, 이에 관한 제도가 중재제도이다.

Schlußbilanzkonto   집합대차대조표계정

우리나라 회계에는 없는 개념이다. 결산시 대차대조표계정(→ Bestandskonto)을 마감하기 위해 설정하는 계정이다. 우리나라 실무에서는 대차대조표계정은 따로 집합계정을 설정하지 않고, 개별적으로 마감을 시키고, 대차대조표계정과 손익계산서계정을 모두 시산표(trial balance: T / B)에 전기한 후 이를 토대로 기말 대차대조표와 손익계산서를 작성한다.

Schutzzoll   보호관세

외국으로부터의 수입 물품에 대해 관세(→ Zoll)를 부과하는데, 특히 국내 산업을 보호, 육성하려는 목적에서 부과하는 관세를 보호관세라고 부른다. Protektionszoll이라고도 부른다.

Senat   재판부 (연방노동법원의)

연방노동법원(→ Bundesarbeitsgericht)의 재판부는 직업법관인 재판장 1인과 역시 직업법관인 배석판사 2인 그리고 근로자측 및 사용자측 이익을 각각 대변하는 명예판사 2인으로 구성된다.

Sexuelle Belästigung 성희롱

일반균등대우법(→ Allgemeine Gleichbehandlungsgesetz)에서 규정하고 있는 성희롱은, 상대가 원치 않는 성적 행동을 통해 당사자에게 성적 굴욕감을 주고, 사업장 내의 분위기를 악화시키는 것을 말한다.

Sicherheitskoeffizient 안전한계율

손익분기점분석(→ break-even-Analyse)에서 사용되는 개념으로서, 안전한계(→ Sicherheitsstrecke)를 매출액으로 나눈 비율을 말한다. 안전한계란 매출액이 감소되더라도 손실이 발생하지 않는 매출액의 최대감소액을 의미하는데, 안전한계율이란 그 최대감소비율을 말한다.

Sicherheitsstrecke 안전한계

손익분기점분석(→ break-even-Analyse)에서 사용되는 개념으로서, 매출액에서 손익분기점매출(→ break-even-Umsatz)을 차감하여 구한다. 회사가 손실이 발생하기 전까지 여유가 있는 매출액을 의미한다. 달리 표현하면, 매출액이 감소되더라도 손실이 발생하지 않는 매출액의 최대감소액을 의미한다. 안전한계가 낮은 경우에는 판매량이 감소하게 되면, 쉽게 손실이 발생하기 때문에 안전한계는 기업 경영상 중요한 지표가 된다. 따라서 경영자는 안전한계가 낮을 경우, 매출액(판매량)을 증대시켜 안전한계를 높이거나, 단위당 변동원가를 절감시키는 노력을 통해 손익분기점(→ break-even-Punkt)을 감소시켜 안전한계를 높여야 한다.

Situationsanalyse　마케팅 환경분석

마케팅 환경이란 기업의 마케팅 목표 달성에 영향을 미치는 기업 내, 외부의 요인들을 말하며, 환경분석이란 크게 외부환경 분석과 내부환경 분석으로 나누는데, 외부환경 분석에는 거시경제분석, 고객 분석 및 경쟁사 분석이 있고, 내부환경 분석에는 자사분석이 있다. 이 중 고객(customer)분석, 경쟁사(competitor)분석 및 자사(company)분석을 머리글자를 따서 '3C 분석'이라고 부른다.

Skonto　할인

상품의 인도 즉시 현금을 주고받는 현금판매보다는 외상으로 상품매매를 하는 것이 일반적이다. 외상 판매 후 조기에 대금을 결제할 경우에 할인해 주는 것을 말한다. 예를 들어, 2 / 10, n / 30 (혹은 zahlbar in 10 Tagen mit 2% Skonto oder 30 Tage netto) 이라는 조건은, 30일 이내에는 전액을 지급해야 하며, 10일 이내에 지급하면 2%의 할인을 해 준다는 것이다. 즉, Skonto는 퍼센테이지에 의한 할인을 말한다. 매입할인(→ Lieferantenskonti)과 매출할인(→ Kundenskonti)으로 구분된다.

Solidaritätsstreik　연대파업

다른 파업을 지원할 목적으로 행하는 파업(→ Streik)을 말한다. 연대파업은 법적으로 허용되지 않는다. 다만, 경제적으로 동일한 사용자에 속하는 기업의 파업일 경우와, 타 사용자가 그의 중립의무를 준수하지 않고 파업에 영향을 미치려고 할 경우에만 예외적으로 허용된다.

Solidaritätszuschlag 연대세

1991년 도입된 세금으로서, 독일 통일 및 타 국가에 대한 지원을 위한 재원 마련을 위해 도입되었다. 소득세와 법인세에 추가로 부과되는데, 세율은 1998년 이래로 최종 법인세액 또는 소득세액의 5.5%이다.

Soll 차변

모든 부기상의 거래(→ Geschäftsvorfälle)는 계정(→ Konto)이라는 형식에 기입하여 계산되는데, 계정에의 기입은 차변과 대변이라는 두 개의 계산장소에 나누어서 이루어진다. 이 계정의 왼쪽을 차변이라고 하며, Soll-Seite 라고도 한다.

Sollsaldo 차변잔액

부기에서 차변기입액의 합계가 대변기입액의 합계액보다 크면, 그 계정은 차변잔액을 가진다고 한다. 따라서 자산계정은 항상 차변잔액을 가지게 된다. 만약 매출채권과 같은 자산계정에 대변잔액(→ Habensaldo)이 생길 경우, 부기에 착오가 있다고 판단할 수 있다. 극히 예외적이지만, 받을 금액보다 초과해서 받았다는 의미일 수도 있다.

Sonderurlaub 특별휴가

연차유급휴가(→ Erholungsurlaub)와는 별도로 민법 제616조는 유급 특별휴가를 신청할 수 있는 근거를 마련해 놓았다. 기간이 짧아야 하고, 일신상의 이유로서 본인의 귀책사유 없이 근무를 하지 못할 경우에 한정한다는 전제조건이 붙어 있다. 결혼식, 은혼식, 장례식 등 가족의 경조사 등이 이에 해당된다. 개별 근로계약상 특별휴가를 배제할 수도 있다.

Sondervergütung 특별상여금

근로계약서에 보너스 지급에 관해 크리스마스 상여금 등과 같이 명칭을 특정하지 않고, 특별상여금을 지급한다고 하고, 이에 대해서는 지급유보(Freiwilligkeitsvorbehalt)를 할 수 있다는 조항을 추가해서 작성하기도 한다. 이는 상여금의 계속 지급에 대한 경영관행(→ betriebliche Übung)의 적용을 회피하기 위한 조치이며, 또한 13개월째 급여(→ dreizehnter Gehalt)와 크리스마스 상여금(→ Weihnachtsgeld)을 혼동하는데서 오는 혼란을 피하기 위한 조치이기도 하다.

Sozialauswahl 사회계획에 따른 대상자의 선정

사회계획(→ Sozialplan)이란, 기업이 구조조정을 이유로 정리해고를 할 경우, 근로자가 입을 경제적 불이익을 보상하기 위하여 근로자 간의 사회적 형평성을 고려하여 작성한 보상계획을 말한다. 근로자 간의 사회적 형평성을 고려하기 위한 기준으로는, 연령, 근속기간, 부양가족의 수, 혼인 여부, 직무능력, 학력, 경력 등이 고려되는데, 이와 같이 해고 대상 근로자를 선정하는 과정을 사회계획에 따른 대상자의 선정이라고 한다. 사회계획은 강행적 사업장협약(→ Betriebsvereinbarung)에 해당되어, 노사간에 반드시 합의를 도출하여야 하며, 합의가 도출되지 않을 경우 중재기구가 개입하여 그 중재안으로 양 당사자 간의 합의를 대체한다.

Sozialplan 사회계획

1. 기업이 구조조정을 이유로 정리해고를 할 경우, 근로자가 입

을 경제적 불이익을 보상하기 위하여 근로자 간의 사회적 형평성을 고려하여 작성한 보상계획을 말한다. 사회계획은 강행적 사업장협약(→ Betriebsvereinbarung)에 해당되어, 노사간에 반드시 합의를 도출하여야 하며, 합의가 도출되지 않을 경우 중개기구가 개입하여 그 중재안으로 양 당사자간의 합의를 대체한다.

2. 근로자 간의 사회적 형평성을 고려하기 위한 기준으로는, 연령, 근속기간, 부양가족의 수, 혼인 여부, 직무능력, 학력, 경력 등이 참조된다.

Sozialversicherungsbeitrag 사회보험료

1. 모든 근로자는 4대 공보험에 의무적으로 가입해야 한다.
4대 공보험은 연금보험(→ Rentenversicherung), 건강보험(→ Kranken-versicherung), 간병보험(→ Pflegeversicherung) 그리고 고용보험(→ Arbeitslosenversicherung)이다.

2. 근로자의 총급여액(→ Bruttogehalt)을 기준으로, 각 보험의 보험요율에 따라 계산하여 사회보험료를 납부한다. 다만 보험료를 산정함에 있어서, 총급여액이 늘어날수록 비례적으로 계속 보험료가 늘어나는 것이 아니고, 일정액의 급여까지만 보험료 산정 시 반영하는데, 이를 산정한도금액(→ Beitragsbemessungsgrenze)이라고 한다.

Sperrzeit 수급제한기간 (실업급여의)

1. 근로관계종료계약(→ Aufhebungsvertrag)을 체결함으로써 근로자는 실업자가 되어 실업급여(→ Arbeitslosengeld I)를 수령하게 되는데, 만약 근로자가 원하여 동 계약을 체결했고, 근로관계를

종료시킬만한 중대한 사유가 존재하지도 않았고, 그로 인해 의도적으로 실업자가 되어 실업급여의 수혜 대상이 되었다면 최고 12주간 실업급여의 수급이 제한되는데 이 기간을 실업급여의 수급제한기간이라고 한다. 이 수급제한기간에는 실업급여가 주어지지 않으면서 동시에 같은 기간만큼 총 수급기간이 줄어들게 된다. 즉, 실업급여와 수급기간 모두에 대해 영향을 미치게 된다. 2. 근로자가 스스로 사직(Eigenkündigung)하는 경우에도 역시 최고 12주간 수급제한기간이 설정된다.

Splitverhältnis　분할비율

→ Aktiensplit

Sprungrevision　비약상고

상고(→ Revision)란 2심판결에 대항하여 연방노동법원
(→ Bundesarbeitsgericht)에 제기하는 상소를 말하는데, 원칙적으로 상고는 2심판결에 대하여 허용되나, 예외적으로 1심판결에 대한 상고가 허용되기도 하는데, 이를 비약상고라 한다. 연방노동법원은 3심법원으로서, 항소가 허용되는 판결에 대하여 항소 대신 제기된 비약상고사건을 관할한다.

Stammaktie　보통주

우선주 등과 같이 특별한 권리의 내용이 없는 보통의 주식을 말한다. 특정사항에 대해 우선권이 있느냐 혹은 없느냐에 따라 보통주와 우선주(→ Vorzugsaktie)로 분류되고, 주주의 성명이 주주명부(→ Aktienbuch)에 기입되느냐 혹은 그렇지 않느냐에 따라 기명주식(→ Namensaktie)과 무기명주식(→ Inhaberaktie)으로 분류된다.

Stammkapital 법정자본금

1. 유한회사의 법정자본금(→ Gezeichnetes Kapital)을 말한다. 유한회사를 설립하기 위한 최소한의 법정자본금은 25,000유로이다. 설립시 법정자본금 전액을 한꺼번에 납입하지 않아도 되는데, 그러나 반드시 최소법정자본금인 15,000유로를 설립시 납입해야 한다. 주주(혹은 사원)가 여러 명일 경우, 각각의 출자금 중 최소 $\frac{1}{4}$을 설립시 납입해야 하는데, 그러나 이 각각의 납입금의 합이 최소 12,500유로가 되어야 한다.

2. 유한회사의 법정자본금을 10,000유로로 낮추는 법안이 사민당에 의해 제출되었으나 부결된 바 있다. 그러나 유한회사의 설립을 완화하는 방향으로 법개정이 추진될 것으로 보인다. 과도적 조치로서 2008년 11월부터는 Unternehmergesellschaft(UG)라고 하는 새로운 회사형태의 설립이 가능하게 되었는데(Mini-GmbH라고도 불리운다), 최소 자본금 1유로로서 설립이 가능하나, 조건은 법정자본금이 25,000유로 미만일 경우, 매기 당기순이익의 25%를 의무적으로 이익잉여금으로 전입해야 한다. 법정자본금이 10,000 유로에 이르면, 원할 경우 유한회사(GmbH)로의 전환이 가능하다.

Stärken-Schwächen-Analyse 장단점 분석

마케팅 환경분석(→ Situationsanalyse) 중에서 자사의 내부역량을 명확하게 이해하기 위해, 자사의 규모, 시장점유율, 실적, 신제품의 특징, 가격정책, 유통경로 등에 관해 장단점을 객관적으로 비교, 분석하는 것을 말한다. 강점-약점 분석이라고 해도 되겠다.

Stellenanzeige 모집광고

매체를 불문하고, 근로자를 모집하기 위한 광고를 총칭한다. 2006년 8월부터 시행되는 일반균등대우법(→ Allgemeine Gleichbe-handlungsgesetz)에 따라, 채용을 위한 모집광고에 차별적인 요소가 포함되어서는 안된다. 즉, 객관적 사유없이 특정한 지원자 그룹을 배제시키고 있다면, 이 모집광고는 차별적인 요소를 포함하고 있다고 간주된다.

Stellenbeschreibung 직무기술서

업무의 담당자가 수행해야 할 업무의 내용과 범위에 관하여 필요한 정보를 포함하는 것으로서, 조직구조에 관한 부분, 업무에 관한 부분 그리고 역할과 관련된 부분으로 구성된다. 직무기술서는 충원계획의 기초가 되고, 업무담당자 및 신입사원에 대한 오리엔테이션의 도구로서 활용이 되며, 조직 내 역할분담을 명확하게 하고, 책임과 권한에 관한 기본적인 토대를 제공할 뿐만 아니라, 자기개발과 조직개발의 기준이 되고, 객관적인 업무평가를 가능하게 한다.

Stetigkeitsgebot 계속적용의 원칙

→ Bewertung des Endbestands

Steuerberater 세무사

세무 서류의 작성이나 세무 상담, 세무 대리 등을 직업적으로 영위하는 자를 말한다. 세무사 자격시험을 통과해야 하는데 독일에서는 상대 또는 법대 졸업 후 관련 회사에서 2년 혹은 3년을 수습한 후에 자격시험에 응시할 자격을 준다. 다른 경로는 세무관련 직업교육(Berufsausbildung) 수료 후, 관련 분야에서 10년 이상 근무한 자에게도 응시 자격을 부여한다.

Steuerkarte 근로소득세카드

→ Lohnsteuerkarte

Steuerklasse 과세등급

근로 제공에 대한 대가로 근로소득을 받는 근로자의 급여계산(→ Gehaltsabrechnung)시 상이한 근로소득세율이 적용되는 과세상의 등급을 말한다. 혼인 여부에 따라 1~5까지 등급이 구분되며, 등급 6은 2명 이상의 사용자로부터 급여를 받을 경우에 적용된다. 급여계산시 제출하는 근로소득세카드(→ Lohnsteuerkarte)에 과세 등급이 기재되어 있다.

Steuermesszahl 산정요율

→ Gewerbesteuer

Steuerrückstellungen 납세충당금

→ Rückstellungen

Streik 파업

1. 노동쟁의(→ Arbeitskampf)의 구도 속에서 근로자가 집단적으로 근로제공의 의무를 거부하는 것을 말한다. 파업은 합법적 쟁의행위의 하나이다.

2. 파업 중에는 근로계약의 효력이 중지된다. 즉, 사용자는 임금 지급의 의무가 없어지고, 근로자는 근로 제공의 의무가 없어진다. 파업 중 임금을 받지 못하는 조합원을 위하여 노동조합(→ Gewerkschaft)은 파업기금(→ Streikkasse)을 형성하여, 파업에 참

가한 조합원에게 파업보조금(→ Streikgeld)을 지급한다.

Streikfonds 파업기금

→ Streikkasse

Streikgeld 파업보조금

파업(→ Streik) 중에는 근로계약의 효력이 중지된다. 즉, 사용자
는 임금 지급의 의무가 없어지고 근로자는 근로 제공의 의무가
없어진다. 파업 중 임금을 받지 못하는 조합원을 위하여 노동조
합(→ Gewerkschaft)은 파업기금(→ Streikkasse)을 형성하여, 파업
에 참가한 조합원에게 파업보조금을 지급한다.

Streikkasse 파업기금

파업(→ Streik) 중에는 근로계약의 효력이 중지된다. 즉, 사용자
는 임금 지급의 의무가 없어지고, 근로자는 근로 제공의 의무가
없어진다. 파업 중 임금을 받지 못하는 조합원을 위하여 노동조
합(→ Gewerkschaft)은 파업기금(Streikfonds 라고도 한다)을 형성
하여, 파업에 참가한 조합원에게 파업보조금(→ Streikgeld)을 지
급한다.

Sympathiestreik 동정파업

연대파업(→ Solidaritätsstreik)의 다른 명칭.

[𝒯]

Tageswert 시가

→ Niederstwertprinzip

Tariffähigkeit 협약체결능력 (단체협약의)

단체협약(→ Tarifvertrag)을 체결할 수 있는 법률상의 능력을 협약
체결능력(→ Tariffähigkeit)이라고 하는데, 이러한 협약체결능력을
가진 단체교섭의 당사자는 산별노조(→ Industriegewerkschaft)와
사용자이다. 이때의 사용자는 사용자단체(→ Arbeitgeberverbände)
가 될 수도 있고, 특별한 경우에는 개별기업의 사용자(→ Arbeit-
geber)가 될 수도 있다.

Tarifgebundenheit 구속력범위 (단체협약의)

단체협약(→ Tarifvertrag)의 효력은 원칙적으로 협약 체결의 당
사자인 사용자단체에 가입한 사용자와 노동조합(→ Gewerkschaft)
에 가입된 근로자에게만 미치는데, 이를 구속력범위라고 한다.
그러나 비록 근로자가 노동조합에 가입되어 있지 않다 하더라도,
개별 근로계약을 통해 단체협약의 적용을 약정했다면, 그 근로
자는 해당 단체협약의 적용을 받는다.

Tarifverhandlung 단체교섭

1. 집단적 노사관계의 핵심적인 부분으로서, 근로자(→ Arbeitneh-

mer)의 근로조건을 유지, 개선하고, 근로자의 사회, 경제적인 지위를 향상시키기 위한 직접적 수단이 바로 단체협약(→ Tarifvertrag)이며, 이 단체협약을 체결하는 과정이 단체교섭이다.

2. 단체협약을 체결할 수 있는 법률상의 능력을 협약체결능력(→ Tariffähigkeit)이라고 하는데, 이러한 협약체결능력을 가진 단체교섭의 당사자는 산별노조(→ Industriegewerkschaft)와 사용자이다. 이때의 사용자는 사용자단체(→ Arbeitgeberverbände)가 될 수도 있고, 특별한 경우에는 개별기업의 사용자(→ Arbeitgeber)가 될 수도 있다.

Tarifvertrag   단체협약

1. 집단적 노사관계의 핵심적인 부분으로서, 근로자의 근로조건을 유지, 개선하고, 근로자의 사회, 경제적인 지위를 향상시키기 위한 직접적 수단이 바로 단체협약이다. 단체교섭(→ Tarifverhandlung)은 이 단체협약을 체결하는 과정을 말한다.

2. 단체협약을 체결할 수 있는 법률상의 능력을 협약체결능력(→ Tariffähigkeit)이라고 하는데, 이러한 협약체결능력을 가진 단체교섭의 당사자는 산별노조(→ Industriegewerkschaft)와 사용자이다.

3. 단체협약법(Tarifvertragsgesetz)에 따라 단체협약은 내용상 두 부분으로 구성되는데, 협약의 양 당사자간의 권리 및 의무관계를 규정하고 있는 채권법적 부분(Schuldrechtlicher Teil)과 근로관계와 관련된 규정, 경영상 및 경영조직법상의 문제 및 양 당사자간의 공동기구 설치에 관한 문제를 규정하고 있는 규범적 부분(Normativer Teil)이 그것이다. 전자를 집단적 노사관계에 적용되는 조항 그리고 후자를 개별적 노사관계에 적용되는 조항이라

고 구분할 수도 있겠다.

4. 단체협약은 근로자들을 보호하기 위하여 근로조건의 최저 기준을 강행적으로 정한 것인데, 만약 개별 근로계약(→ Arbeitsvertrag)이 단체협약의 기준보다 더 유리한 조건을 규정하고 있다면, 유리한 조건 우선적용의 원칙(→ Günstigkeitsprinzip)에 따라 이 경우에는 단체협약은 강행적 효력을 갖지 않는 것으로 해석한다.

Technische Anlagen und Maschinen 기계장치

→ Sachanlagen

Teilautonome Arbeitsgruppe 준자율적 작업집단

현대적 직무설계(→ Aufgabengestaltung)의 한 방법으로서, 집단 수준에서의 직무설계를 말한다. 집단 내의 수직적 직무확대(→ Aufgabenerweiterung)라고 보면 된다. 즉, 다수의 직무를 모으고, 그 직무의 담당자들을 하나의 그룹으로 만든 후, 그 그룹 내에서 공동으로 업무를 계획, 조정, 통제해 나가도록 준자율적 재량권을 부여함으로써, 업무 담당자들에게 동기부여를 하고, 생산성을 향상시키고자 한다.

Teilkaskoversicherung 자동차 부분 종합보험

→ Kaskoversicherung

Transferpreis 이전가격

→ Verrechnungspreis

Treupflicht 충실의무

사용자의 배려의무(→ Fürsorgepflicht)에 대하여, 근로자가 근로관계에 따라 근로의무를 부담하는 이외에, 사용자와 회사의 이익에 반하는 행위를 하지 않아야 한다는, 신의성실에 기초한 근로자의 의무를 말한다.

[U]

U1-Verfahren   U1-분담방식

급여계속지급법(→ Entgeltfortzahlungsgesetz)에 따라 사용자는 근로자의 병가 중에도 최고 6주까지는 계속해서 급여를 지급해야 하는데, 소규모 기업의 경우 이 비용이 부담이 될 수도 있다. 이러한 비용의 부담을 덜어주는 것이 급여계속지급보험(→ Entgeltfortzahlungsversicherung)이고, 이에 대한 보험료분담방식(Umlagenverfahren)이 U1-분담방식이다. 사용자비용보전법(→ Aufwendungsausgleichgesetz)에 따라 근로자가 30인 이하인 기업의 사용자는 의무적으로 이 보험에 가입해야 한다.

U2-Verfahren   U2-분담방식

사용자비용보전법(→ Aufwendungsausgleichgesetz)에 따라 근로자 수에 상관없이 모든 사용자는 임산부보호기간(→ Mutterschutzfrist)에 적용되는 여성근로자의 근로금지(→ Beschäftigungsverbot) 규정으로 인하여 발생하는 사용자의 비용을 보전하기 위하여 의무적으로 급여계속지급보험(→ Entgeltfortzahlungsversicherung)에 가입해야 하는데, 이에 대한 보험료분담방식(Umlagenverfahren)이 U2-분담방식이다.

Übernachtungskosten 숙박비

출장 중 숙박을 할 경우 증빙(인보이스)이 있다면 증빙에 따라 실비를 지급하면 되지만 증빙이 없을 경우 국가에 따라 일괄적으로 지급할 수 있는 최고 한도금액을 정해놓은 별도의 표에 따라 지급한다. 출장 숙박비는 근로소득세 과세 대상이 아니다. 즉, 회사는 이 비용을 원천징수하지 않고 지급할 수 있다. 세무상 비과세 대상으로 인정받기 위해서는 정해진 요건에 맞추어서 지급해야 한다.

Überschuldung 자본잠식

법인의 총자산이 총부채를 넘지 않는 경우 그리고 이러한 상태가 지속될 것이라고 판단될 경우를 말한다. 유한회사(→ GmbH)의 대표이사 또는 주식회사의 이사회(→ Vorstand)는 자본잠식의 사실을 인지한 날로부터 3주 이내에 파산절차나 회사 정리절차를 관할법원에 신청하여야 한다. 위 절차를 이행하지 않은 상태에서 이 사실을 제삼자가 인지했을 시에는 주주 또는 사원(유한회사의 주주를 말함)의 책임이 출자한 지분에 한정되지 않고, 무한책임으로 확대될 수 있다. 물론 회사의 대표이사는 완전한 자본잠식이 되기 전에 이 사실을 주주에게 통보하여 필요한 조치를 취할 것이다. 자본잠식이 예상될 경우, 한국의 본사(주주)가 지급보증각서를 제출하거나, 채권포기각서(→ Rangrücktrittserkärung) 또는 채권후순위청구각서(→ Rückstehungserklärung) 등을 제출함으로써 이 문제를 회피할 수 있다.

Überstunde　초과근무, 시간외 근로

법정근로시간을 초과하는 근무를 말하는데, 구체적으로 할증임금이 가산되는 시간외 근로를 말한다.

Überziehung　예금한도초과, 차월한도초과

1. 일반적인 의미로 예금한도를 초과하여 인출하는 것을 말한다. 수동적이긴 하나 일종의 크레딧으로 볼 수 있으므로 이를 예금한도초과크레딧(→ Überziehungskredit)이라고 한다.

2. 예금주가 은행과 당좌차월계약(→ Kontokorrentvertrag)을 체결하고 예금 잔액을 초과하여 일정 한도까지 자금을 사용할 수 있는데 이 초과 사용분을 당좌차월(→ Kontokorrentkredit)이라고 한다. 그런데 사전에 약정한 한도를 초과하여 인출할 경우 차월한도초과가 되고, 초과분에 대해서는 추가이자에 해당하는 차월한도초과수수료(→ Überziehungsprovision)를 부담하게 된다.

Überziehungskredit　예금한도초과크레딧

　→ Überziehung

Überziehungsprovision　차월한도초과수수료

　→ Überziehung

Umbuchungen　수정분개, 기말수정분개

총계정원장의 기말잔액은 자산, 부채, 자본의 현재액과 수익, 비용의 당기 발생액을 정확하게 반영하고 있지 않은데 기말에 이를 수정하여 기업의 정확한 재무상태와 경영성과를 표시하도록 해야 한다. 이를 수정분개 또는 특히 기말 결산전의 수정분개를 의미하는 뜻으로 기말수정분개라고 한다.

Umlagenverfahren 보험료분담방식

→ Entgeltfortzahlungsversicherung

Umlaufvermögen 유동자산

고정자산(→ Anlagevermögen)과 달리, 판매를 위한 제품이라든지 생산을 위한 원재료, 또는 유가증권(→ Wertpapiere)과 같이 대차대조표일로부터 1년 이내에 현금화가 가능한 자산을 유동자산이라고 한다. 대차대조표상에서의 기록 순서는 소위 고정성배열이라고 하여, 고정적인 성격의 자산을 먼저 기록한다. 즉, 재고자산(→ Vorräte), 매출채권(→ Forderungen aus Lieferungen und Leistungen), 유가증권(→ Wertpapiere), 현금 및 예금의 순서대로 기록한다. 우리나라의 기업회계기준은 유동성배열법(환금성이 빠른 순서대로)을 택하고 있기 때문에 자산의 배열 순서가 독일의 대차대조표와는 반대로 되어 있다.

Umsatzrendite 매출액순이익률

재무제표상의 개별 항목간의 비율을 구해서, 그 기업의 재무상태나 경영성과를 분석하고 판단하는 것을 재무비율(→ Bilanz-kennzahlen) 분석이라고 한다. 매출액순이익률은 기업의 수익성을 측정하는 수익성비율(→ Rentabilitätskennzahlen)의 하나로서 당기순이익을 매출액으로 나눈 비율을 말한다. 이익을 어떻게 보느냐에 따라서 매출액총이익률 또는 매출액영업이익률을 구할 수도 있다.

Umsatzrentabilität 매출액순이익률

→ Umsatzrendite

Umsatzsteuer　매출 부가가치세

단순히 부가가치세라고도 하나, 장부기장시 매입부가세(→ Vorsteuer)와 구별하여 매출부가가치세(Input VAT)라고 하며 줄여서 매출부가세라고도 한다.

Umsatzsteuer-Identifikationsnummer　부가세 ID번호

EU 역내의 한 국가에서 다른 국가로의 재화의 이동에 대해서는 부가세가 부과되지 않는다. 다만, 재화를 인도받는 도착지에서 부가세가 부과된다는 전제하에서 그렇다. 이것을 도착지기준 (→ Bestimmungslandprinzip)이라고 하는데, 이러한 전제를 충족시키는 기능을 하는 것이 부가세 ID번호 혹은 부가세 식별번호이다. 재화를 공급 받는 자가 공급하는 자에게 이 식별번호를 알려주고, 재화를 공급하는 자는 이를 인보이스에 명기하면 된다. 부가세 식별번호는 영문자 2개로 구성된 국가 코드(예: 독일 DE, 네덜란드 NE)와 8~12자리수의 숫자로 이루어진다. 식별번호는 Bundeszentralamt für Steuer 에서 발급해 주며, 거래 상대방의 식별번호가 유효한지에 대한 확인도 해 준다.

Unbefristeter Arbeitsvertrag　무기근로계약

기간의 제한이 있는 기간제 근로계약(→ befristeter Arbeitsvertrag)과 달리 기간의 제한이 없는 근로계약(→ Arbeitsvertrag)을 말한다.

Uneingeschränkter Bestätigungsvermerk　적정의견

장부와 재무제표가 일반적으로 인정된 회계원칙에 따라 적정하게 작성되었다는 외부감사인(→ Abschlussprüfer)의 감사의견(→ Bestätigungsvermerk)을 말한다.

Unfallversicherung 재해보험

근로자가 의무적으로 가입해야 하는 사회보험에는 4가지 종류가 있다: 연금보험, 건강보험, 간병보험 및 고용보험. 이 사회보험의 보험료는 사용자와 근로자가 각각 50%씩 부담한다. 사용자의 입장에서 보면 이외에도 의무보험이 한 가지 더 있는데, 이것이 재해보험이다. 사업장내의 사고 및 출퇴근길에 당한 사고에 대해 보상해 주는 보험이다. 재해보험료는 사용자만이 부담하고, 근로자의 부담분은 없다. 재해보험료의 산정기준은 한해 동안 근로자에게 지급한 총급여액(→ Bruttogehalt)이다. 매년 초에 일정 보험료를 납부하고, 당해연도가 지난 후, 전년도 총급여액을 기준으로 정산하여, 차이가 발생하면 그 차액을 납부하게 된다.

Unfertige Erzeugnisse 재공품 (재고자산)

→ Vorräte

Urlaubsgeld 휴가보조비

통상적으로 5월 급여와 함께 지급되는데, 연차유급휴가일수에 따라 1일당 대개 10~15유로를 휴가보조비로지급한다. 실제로 사용한 휴가일에 따라 지급되고, 사용하지 않은 휴가일에 대해서는 이미 지급된 보조비를 반환하게 하기도 한다.

Ursprungszeugnis 원산지증명서

수출화물이 당해 수출국에서 제조된 것을 증명하거나, 재수출의 경우 수출화물이 제조된 국가가 어디인지를 증명해 주는 공문서를 말한다. 각 지역 상공회의소(→ Industrie- und Handelskammer)에서 발급한다.

USP 독특한 판매제안

Unique Selling Proposal의 약어로서, 독일어로는 einzigartiger Verka-ufsvorteil로 번역한다. 광고에 있어서 크리에이티브 전략을 구사하기 위한 것으로서, 광고내용이 USP를 담기 위해서는, (1) 우선 구체적인 상품의 가치, 즉 독특한 이점이 광고에 포함되어야 하고, (2) 경쟁제품이 사용하지 않는 독창적인 내용이어야 하며, (3) 마지막으로 소비자가 구매에 이끌리도록 하는 어떤 강력한 것을 담고 있어야 한다.

[𝒱]

Ver.di 통합 서비스 / 공공노조

→ Deutsche Gewerkschaftsbund

Verbindlichkeit 부채

부채란 기업이 미래의 어느 시점에서 제삼자에게 현금을 지급하거나, 혹은 기타 재화나 용역을 제공해야 할 의무를 말한다. 부연하면 과거의 거래나 사건의 결과로서 미래에 특정 실체(기업)가 다른 실체에게 자산을 이전하거나 또는 용역을 제공해야 하는 현재의 의무로부터 발생하는 미래의 경제적 효익의 희생을 부채라고 정의한다.

Verbindlichkeiten aus Lieferungen und Leistungen 매입채무

영업의 주된 대상인 원재료 혹은 상품의 구입과정에서 발생한 채무를 말한다. 좁은 의미로는 외상매입금이라고도 한다.

Vergleich 조정

노동법원(→ Arbeitsgericht)의 1심 재판이 진행되기 전단계로서 먼저 판사의 주재하에 조정(→ Vergleich)이 시도된다. 이 단계에서 판사는 해고보상금(→ Abfindung)을 매개로 해서 우호적으로 화해를 하도록 유도한다.

Verhaltensbedingte Kündigung　행태상의 사유에 의한 일반해고

1. 해고제한법(→ Kündigungsschutzgesetz)에 따르면, 사용자가 근로자를 해고할 경우, 반드시 정당한 사유를 제시해야 하며, 이러한 정당한 해고 사유없이 행한 해고는 부당해고가 되어 무효가 된다.

2. 정당한 해고 사유에 의한 일반해고(→ ordentliche Kündigung)는 i) 일신상의 사유에 의한 일반해고(→ personenbedingte Kündigung) ii) 행태상의 사유에 의한 일반해고 iii) 기업경영상의 사유에 의한 일반해고(→ betriebsbedingte Kündigung)로 나눌 수 있다.

3. 행태상의 사유로 해고를 하기 위해서는 해고의 사유 이외에 두 가지 조건이 선행되어야 한다. 첫째, 그 사유가 일회성이 아니라, 향후에도 시정되지 않고 계속적으로 반복되어서 근로계약상 명기된 근로자의 의무를 이행하지 못할 것이라고 보이는 경우(Zukunftsprognose)에 해고의 조건이 충족되었다고 본다. 둘째, 이해관계의 비교형량(→ Interessenabwägung)의 문제이다.

Verleiher　파견사업주

회사에서 일시적, 간헐적으로 인력을 충원해야 할 경우 회사는 인력파견회사(→ Zeitarbeitunternehmer)와 근로자파견계약 (→ Arbeitnehmerüberlassungsvertrag)을 맺고, 인력파견회사로부터 파견근로자(→ Leiharbeitnehmer)를 빌려와서 업무에 투입시킨다. 이때 파견근로자의 법률상의 사용자는 인력파견회사가 되는데 인력파견회사를 파견사업주라고도 명칭한다.

Verlustvortrag 이월결손금

기업이 결손을 보고한 경우 보고된 결손금 중 다른 잉여금으로 보전되지 않고 이월된 부분을 말한다.

Vermögen 자산

→ Vermögensgegenstände

Vermögensgegenstände 자산

기업이 소유하고 있는 현금, 상품, 매출채권, 건물, 토지, 기계장치 등 미래에 경제적 효익을 가져 오는 것을 자산이라고 하며 고정자산(→ Anlagevermögen)과 유동자산(→ Umlaufvermögen)으로 구분된다. 고정자산은 다시 무형자산(→ Immaterielle Vermögens-gegenstände), 유형자산(→ Sachanlagen) 및 투자자산(→ Finanz-anlagen)으로 나누어지고, 유동자산은 재고자산(→ Vorräte), 매출채권(→ Forderungen aus Lieferungen und Leistungen), 유가증권(→ Wertpapiere), 현금(→ Kassenbestand) 및 예금(→ Bankguthaben)으로 나누어진다.

Verpflegungsmehraufwendungen 일당(출장비)

1. 출장 중의 식비에 충당하기 위해 지급되는 경비 즉, per diem 을 말한다. 출장에 소요된 시간이 최소 8시간이 되어야 일당이 주어진다. 국내 출장의 경우 출장에 소요된 시간이 8시간부터 14시간 미만일 경우 6유로가 지급되며, 14시간부터 24시간 미만일 경우 12유로가 지급되고, 24시간일 경우 24유로가 지급된다. 해외 출장의 경우, 국가에 따라 지급되는 일당과 증빙 없이 지급되는 숙박비(Pauschbetrag für Übernachtungskosten)의 액수가

정해져 있는 일람표에 따라 지급된다.

2. 일당은 근로소득세 과세 대상이 아니다. 즉, 회사는 이 비용을 원천징수(근로소득세)하지 않고 지급할 수 있다. 세무상 비과세 대상으로 인정받기 위해서는 정해진 요건에 맞추어서 지급해야 한다.

Verrechnungspreis   이전가격

1. 기업이 국외 특수관계자와의 거래에 있어서 정상가격보다 높거나 또는 낮은 가격을 적용함으로써 과세소득이 감소되는 경우 과세당국이 그 거래에 대하여 정상가격을 기준으로 과세소득금액을 재계산하여 조세를 부과하는 제도를 이전가격과세제도라고 한다. 이때 특수관계자와의 거래에 적용됐던 가격을 이전가격이라고 한다. 여기서 정상가격이란 위 거래와 동일하거나 유사한 거래로서 독립기업간의 거래에서 적용되거나 적용될 것으로 판단되는 가격을 말한다. 정상가격을 산출하는 방법에는

(1) 비교가능 제삼자가격법(→ Preisvergleichsmethode),

(2) 재판매가격법(→ Wiederverkaufspreismethode),

(3) 원가가산법(→ Kostenaufschlagsmethode) 등이 있다.

여기서 특수관계자란 독일 국내의 내국법인 또는 독일 국내의 외국법인의 의결권있는 주식의 50%를 직·간접적으로 소유한 외국의 주주(외국법인)를 말한다. Konzernverrechnungspreis 혹은 Transferpreis 라고도 부른다.

2. 다국적기업의 경우 그룹 전체의 조세부담을 최소화하기 위하여 다양한 국제조세전략을 수립하게 되는데 이 중에서 이전가격은 각 국가간의 법인세 부담의 차이를 이용하여 조세를 회피하는 도구로 이용된다. 즉, 법인세율이 높은 국가에 있는 자회사에

공급할 때는 공급가를 높게 하고, 법인세율이 낮은 국가에는 공급가를 낮게 함으로써 고법인세율 국가의 자회사는 과세소득을 적게 가져가고, 저법인세율 국가의 자회사는 과세소득을 많게 가져가게 되어, 결과적으로 그룹 전체의 과세부담을 최소화하는 것이다. 그 밖의 조세회피 방법으로는 과소자본의 이용(대여금에 대한 이자지급을 통하여), 조세피난처(tax haven)의 이용 그리고 조세조약의 이용(treaty shopping)이 있다.

Versagungsvermerk 부적정의견

기업이 작성한 재무제표가 일반적으로 인정된 회계원칙에 따라 재무상태 및 경영성과를 적정하게 표시하고 있지 않다는 외부감사인(→ Abschlussprüfer)의 감사의견(→ Bestätigungsvermerk)을 말한다.

Vertragsstrafe 위약금

근로계약(→ Arbeitsvertrag)과 관련하여, 계약 체결 후 근로자의 귀책사유로 인해 계약이 개시되지 않거나, 계약상의 조건에 반하여 근로계약이 종료되었다면, 사용자는 적절한 액수의 위약금을 물릴 수 있다. 대체로 1개월 급여가 그 최고 한도가 된다.

Verwendungsbezogene Preisdifferenzierung 용도별 가격차별화

사용 목적별로 다른 가격을 설정하는 가격차별화(→ Preisdifferenzierung)를 말한다. 가정용 및 산업용 전력요금이 용도별 가격차별화가 적용되는 대표적 예이다.

Vollkaskoversicherung 자동차 종합보험

→ Kaskoversicherung

Vorräte 재고자산

1. 상품매매업인 경우에는 상품을, 그리고 제조업인 경우에는 제품, 재공품(→ Unfertige Erzeugnisse), 원재료(→ Roh-, Hilfs- und Betriebsstoffe) 등을 말한다.

2. 재고자산의 원가는 기간손익(→ Periodenergebnis)을 결정하기 위하여 판매된 부분(매출원가)과 미판매된 부분(기말재고)으로 배분되기 때문에, 기말재고자산의 평가(→ Bewertung des Endbestands)에 따라 기간손익(→ Periodenergebnis)이 달라진다. 이 때문에 회계상 매우 중요하게 다루어지는 항목이다.

3. 적정재고 규모에 따라 생산계획 및 자금계획이 수립되기 때문에 적정재고에 대한 의사결정은 매우 중요시 된다.

Vorschüsse 가불

급여를 미리 당겨 쓴 것을 말한다. 가불을 해 줄 경우의 회계처리는 인건비인 비용으로 처리하지 않고, 일종의 대여금으로서 기타 채권(sonstige Forderung)으로 분류한다.

Vorsichtsprinzip 보수주의

상법 제252조에 따른 회계원칙으로서 위험과 손실은 그것이 비록 대차대조표일과 회계결산을 작성하는 시점 사이에 파악된 것이라 할지라도 그것이 대차대조표일 현재 예측이 가능한 것이었다면 반영(기록)하고 이익은 대차대조표일까지 실현된 것만 반영하라는 회계작성상의 대원칙이다. 보수주의는 구체적으로 저가주의(→ Niederstwertprinzip), 실현주의(→ Realisationsprinzip), 손실계상주의(→ Imparitätsprinzip) 및 원래가치환원주의(→ Wertaufholungsprinzip)에 의해 실현된다.

Vorstand   이사회

1. 독일의 물적회사(주식회사, 주식합자회사, 유한회사)의 의사결정은 세가지 기구에 의해 이루어진다. 주주(사원)총회, 감사회 및 이사회. 영미식 회사와는 달리 독일의 자본회사(→ Kapitalgesellschaft)는 주식회사법과 유한회사법에 따라 소위 복층 의사결정기구를 두고 있는데, 감사회(→ Aufsichtsrat)와 이사회가 그것이다. 감사회가 이사회의 업무를 감독하고, 결산서류를 감사하며 또한 이를 외부에 보고하는 업무를 주관하는데 반하여 이사회는 회사의 일상적인 업무를 관장하는 기관이다. 이사회의 이사에 대한 임면(임명과 해임)에 관한 권한은 감사회가 가지고 있다.

2. 이사회업무수행규정(Geschäftsordnung fürden Vorstand Rules of Procedure for the Bord of Directors)에 따라 이사(Vorstandsmitglieder)의 업무영역과 그 책임소재가 정해지며(Ressorteinteilung) 회사의 규모에 맞게 특정한 업무에 대해서는 감사회의 사전 승인을 받도록 이사회업무수행규정에 정해 놓기도 한다.

Vorstellungsgespräch   채용면접

입사 지원자의 서류심사 후 개별적으로 진행하는 면접에서는 표준질문지(Personalfragebogen)에 따라 질문을 하고, 또한 면접평가지(Beurteilungsbogen)에 기록해 두는 것이 바람직하다. 면접에서 유의할 사항은 노동법상 해서는 안 될 질문에 관한 것이다. 종교, 정치적 성향, 노조 가입 여부, 임신 여부, 개인의 채무 상황 등의 질문에 대해서는 지원자가 진실을 말할 의무가 없고 거짓

진술을 했다고 해서 추후 불이익을 받지 아니 한다.

Vorsteuer 매입 부가가치세

단순히 부가가치세라고도 하나, 장부기장시 매출부가세
(→ Umsatzsteuer)와 구별하여 매입부가가치세(Output VAT)라고
하며, 줄여서 매입부가세라고도 한다. 부가세 신고시 매입부가세
가 매출부가세보다 많으면, 부가세가 환급된다.

Vortrag 이월

대차대조표계정(→ Bestandskonto)은 한 회계기간이 종료된다 하
더라도 잔액이 제로로 되지 않고 계속해서 잔액을 유지하게 되
는데 이와 같이 잔액을 다음 회기로 넘기는 것을 이월이라고 한
다. 전기이월, 차기이월, 이월결손금과 같은 표현으로 쓰인다.

Vorzugsaktie 우선주

보통주(→ Stammaktie)에 비하여 특정 사항에 대해 우선적 지위
를 갖는 주식을 말한다. 우선의 내용에 따라 이익배당우선주, 전
환우선주 등이 있다. 우선주는 주주총회에서 의결권이 없는 것
이 일반적이다. 우선권이 있느냐 혹은 없느냐에 따라 보통주(→
Stammaktie)와 우선주(→ Vorzugsaktie)로 분류되고, 주주의 성명
이 주주명부(→ Aktienbuch)에 기입되느냐 혹은 그렇지 않느냐에
따라 기명주식(→ Namensaktie)과 무기명주식(→ Inhaberaktie)으
로 분류된다.

[*W*]

Wachstumsphase 성장기

제품수명주기(→ Produktlebenszyklus) 이론에 따르면, 제품이 개발되어 시장에 나온 후 도입기(→ Einführungsphase), 성장기, 성숙기(→ Reifephase), 포화기(→ Sättigungsphase), 쇠퇴기(→ Rückgangsphase)를 거치게 된다. 제품수명주기 이론에 근거하여 각 단계별로 각기 다른 마케팅 활동을 수행해야 하는데 이 시기의 특징은 일단 도입기를 거쳐서 제품이 살아남아 수요가 급증한다는 것이며, 경쟁사가 진입해 온다는 점이다. 성장기에서는 광고를 계속 유지해야 하며, 경쟁사와의 경쟁에서 불가피하게 가격경쟁을 해야 할 상황이 올 수 있으며, 따라서 제품변화(→ Produktvariation)와 제품개선이 필요하다.

Währungsforderungen 외화채권

외화로 표시된 채권을 말한다. 외화거래(외화로 표시된 채권이나 채무가 발생하는 경우)가 발생한 경우, 그 발생 시점의 환율로 환산하여 회계처리 하여야 하는데, 이때 환산의 기준이 되는 환율은 매입율(→ Geldkurs)이다. 또한 외화로 표시된 채권(외화자산)이나 채무(외화부채)의 대금을 수취하거나 지급할 경우, 환율 변동에 의해 이익 또는 손실이 발생하는데, 이를 외환차익(→

Kursgewinn) 또는 외환차손(→ Kursverlust)이라고 한다.

Wandelanleihe　전환사채

사채 발행 후 일정기간이 경과한 후에 사채를 가진 자가 전환을 청구하면 보통주(→ Stammaktie)로 전환이 될 수 있는 권리가 부여된 사채를 말한다. 주식으로 전환 후 사채는 없어진다. 주가가 상승할 경우에 주식으로 전환하고, 반대로 주가가 하락할 경우 전환을 포기하고 사채의 이자수익을 얻을 수 있는 장점이 있다. 신주인수권부사채(→ Optionsanleihe)와 마찬가지로 부채와 자본의 성격을 동시에 가지고 있다.

Wandelobligation　전환사채

→ Wandelanleihe

Wandelschuldverschreibungen　전환사채

→ Wandelanleihe

Weihnachtsgeld　크리스마스 상여금

1. 유럽인의 최대 명절인 크리스마스 선물 구입을 위해 지급되는 보너스를 말하며, 주로 11월 급여와 함께 지급된다. Weihnachtsgratifikation이라고도 부른다.

2. 지급유보(Freiwilligkeitsvorbehalt) 조항없이 지급하게 되면, 경영관행(→ betriebliche Übung)이 되어 계속지급의 의무가 발생하게 된다.

Weisungsrecht　지시권

→ Direktionsrecht

Werbebudget 광고예산

광고전략(→ Werbestrategie)에 필요한 예산을 책정하는 방식에는, 매출액비율법(→ Percentage-of-Sales-Methode), 이익비율법(→ Percentage-of-Profit-Methode), 지출가능액법(→ All you can afford-Methode), 경쟁자기준법(→ Competitive-Parity-Methode), 목표과 제달성법(→ Objective-and-Task-Methode)이 있다.

Werbemittel 광고수단

신문광고, 현수막, TV 광고, 라디오 광고, 카탈로그, 상품 안내서(Prospekte) 등과 같이 광고메시지가 직접 게재되는 수단을 말한다.

Werbestrategie 광고전략

광고전략은 (1) 전달하고자 하는 핵심적인 광고 메시지(zentrale Werbebotschaft)를 먼저 확정하고, (2) 잠재적 소비자가 이에 설득될 수 있는 합리적인 근거(rationale Begründung)를 제시하며, (3) 마지막으로 전체적인 광고의 스타일(Werbestil)을 정함으로써 완성된다. 합리적인 근거를 제시하기 위해서는, 개런티에 대해 설명한다든지, 그 제품을 직접 사용했던 소비자의 체험담을 소개한다든지, 제품에 대한 테스트 결과를 소개한다든지, 혹은 성분이나 효능을 소개한다든지 하는 방법이 있다. 광고 스타일은 광고를 어떻게 구성하느냐의 문제인데, 감성적인 접근을 할 것인가 혹은 이성적인 접근을 할 것인가, 또는 영상과 텍스트의 배합을 어떻게 할 것인가, 그리고 유머스럽게 할 것인가 아니면 도발적으로 할 것인가 등등에 관한 문제이다.

Werbeträger 광고매체

신문, 잡지, TV, 옥외광고판(Anschlagtafeln), 쇼윈도우, 그리고 넓
게는 제품포장(Verpackungen)을 포함하여, 광고주가 소비자에게 광
고 메시지(Werbebotschaft)를 전달하는 매개체(Medium)를 말한다.

Wertaufholungsgebot 원래가치환원주의

보수주의(→ Vorsichtsprinzip)에 따른 회계원칙 중의 하나로서,
우리나라 회계에는 없는 표현이다. 손실계상주의(→ Imparitätsprin-
zip)에 따라, 예를 들어 유가증권평가손실을 전기에 계상하였는
데 당기에 시가가 다시 올랐다면 평가손실 발생 전의 원래의 가
치 이상으로 반영해서는 안 되며 원래의 가치까지만 반영하라는
원칙이다.

Wertpapiere 유가증권

일시적인 유휴자금을 활용하여 단기적으로 자금을 운용할 목적
으로 취득한 증권 및 채권을 말한다. 유동자산(→ Umlaufvermögen)
에 속하며, 그 외의 유가증권은 모두 투자 목적으로 보유하는 투
자유가증권(→ Wertpapiere des Anlagevermögens)으로서 고정자
산(→ Anlagevermögen)에 포함된다. 유동자산에 속하는 유가증권
은 대차대조표일 현재 시가가 취득원가보다 낮을 경우, 저가주
의(→ Niederstwertprinzip)에 따라 시가로 계상해야 한다.

Wertpapiere des Anlagevermögens 투자유가증권

단기적으로 유휴자금을 운용할 목적으로 보유하는 증권 및 채권
만 유동자산인 유가증권(→ Wertpaiere)에 속하고 그 외의 유가
증권은 모두 투자 목적으로 보유하는 투자유가증권으로서 고정

자산(→ Anlagevermögen)에 포함된다.

Wettbewerbsklausel 경(쟁)업금지조항

1. 근로관계가 유지되고 있는 동안, 회사와 경쟁관계에 놓일 회사를 설립한다든지 또는 현재 경쟁관계에 있는 회사에서 부업을 한다든지 또는 그러한 회사에 지분을 출자하는 것을 금지하는 근로계약상의 조항을 말한다.

2. 근로관계가 종료된 이후에도, 업종에 따라서는 경업금지조항을 적용시킬 수 있는데, 해당 근로자가 회사의 고객이나 공급자 그리고 생산 노하우라든지 마케팅 전략에 관해 자세한 사항을 알고 있어서 향후 회사의 경영에 지장을 초래할 가능성이 있을 경우에 한해서 특별히 허용이 되는데, 이에는 몇 가지 전제조건이 있다. 첫째, 경업금지기간 동안의 보상금에 관한 규정을 두어야 한다. 최종 급여의 최소 50%에 해당하는 보상금을 금지기간 동안에 지급한다고 약정해야 하고, 둘째, 경업금지의 기간은 최고 2년을 초과할 수 없고, 셋째, 지역적으로 적정한 범위 이내에서 경업금지를 규정해야 한다.

3. 실무에서는 해당 근로자를 일정기간 다른 업무를 맡게 하여, 가지고 있던 업무 지식, 정보 및 노하우 등이 진부화되는 기간을 거친 뒤 퇴사절차를 밟게 하는 등의 방법을 사용한다.

Wiederverkaufspreismethode 재판매가격법

이전가격(→ Verrechnungspreis) 과세제도에서 정상가격을 산출하는 방법 중의 하나가 재판매가격법이다. 이 방법은 특수관계자와의 거래로부터 구입한 자산을 추가적인 가공을 거치지 않고 특수관계없는 자에게 재판매할 때 적용할 수 있는 방법이다. 재판매가격법은 (1) 특수관계자와의 거래의 한 당사자가 특수관계없는 자로부터 구입하여 다른 특수관계 없는 자에게 재판매하여 실현한 매출총이익과 (2) 특수관계 없는 자에게 구입하여 다른 특수관계 없는 자에게 재판매한 제삼자가 실현한 매출총이익을 기초로 산출한 가격을 정상가격으로 보는 방법이다.

Wirtschaftsjahr　회계연도

회계상의 회계연도(→ Geschäftsjahr)와 구별하여 세무상의 회계연도를 말한다.

Wirtschaftsprüfer　공인회계사

외부감사를 통해 기업의 경영자가 작성, 제시한 기업의 재무정보(장부와 재무제표)가 일반적으로 인정된 회계원칙에 따라 작성되었는지에 관해 감사(평가 및 의견표명)를 받게 되는데, 이때 회계감사의 주체가 되는 독립적인 전문가를 외부감사인(→ Abschlussprüfer)이라고 하며, 이에는 회계법인(→ Wirtschaftsprüfungsgesellschaft)과 공인회계사가 있다.

Wirtschaftsprüfung　외부감사(제도)

기업의 경영자가 작성, 제시한 기업의 재무상태와 경영성과 및 기타의 재무정보가 일반적으로 인정된 회계원칙(→ Grundsätze ordnungsmäßiger Buchführung)에 따라 작성되었는지를 독립적 전문가인 공인회계사(→ Wirtschaftsprüfer)로부터 평가 및 의견 표명을 받도록 함으로써 회계정보의 신뢰성을 높이려는 제도를 말한다.

Wirtschaftsprüfungsgesellschaft　회계법인

공인회계사법(Wirtschaftsprüferordnung)에 따라 공인회계사
(→ Wirtschaftsprüfer)를 사원(주주)으로 하여 설립된 특수법인을
말한다.

Wohngeld　주거보조금

저소득층에 대한 국가보조금이다. 일정한 소득에 미치지 못하는
주택 임차인에 대해 지급하는 임차료보조금과 주택소유자에 대
한 보조금이 있다.

「 Z 」

Zeitarbeitunternehmer   인력파견회사

회사에서 일시적, 간헐적으로 인력이 필요할 경우, 인력파견회사로부터 파견근로자(→ Leiharbeitnehmer)를 빌려서 근무를 시키게 된다. 파견근로자의 법률상 사용자는 인력파견회사이고, 회사는 근로자파견계약(→ Arbeitnehmerüberlassungsvertrag)에 따라, 인력파견회사에 용역 사용에 대한 대가를 지불하게 된다.

Zeitliche Preisdifferenzierung   시간별 가격차별화

특정 시간대에 다른 가격을 설정하는 가격차별화(→ Preisdifferenzierung)를 말한다. 성수기 / 비성수기에 달리 적용되는 여행요금, 낮과 밤시간대에 적용되는 상이한 전력요금, 시간대에 따라 달리 적용되는 TV 광고료 등이 이에 해당된다.

Zeitwert   시가

→ Niederstwertprinzip

Zinspapiere   채권

투자유가증권(→ Wertpapiere des Anlagevermägens)으로서, 이자수입을 목적으로 하는 유가증권이라는 의미에서 붙여진 명칭이다.

Zoll   관세

국세 중에서 외국으로부터 수입하는 물품에 대해 부과하는 세금을 관세라고 하는데 관세는 그 목적에 따라 크게 보호관세(→ Schutzzoll)와 재정관세(→ Fiskalzoll)로 나눌 수 있다.

Zollbarriere 관세장벽

국제수지를 개선하기 위한 목적에서 또는 경쟁력이 약한 특정의 국내산업의 보호를 위해 관련 수입 상품에 높은 관세율을 적용하여 수입을 제한하는 것을 말한다.

Zollhinterziehung 관세포탈

관세 등을 불법적으로 피하여, 면하려는 것으로서 관세법상 처벌 대상이다.

Zolltarif 관세율

관세(→ Zoll)의 세액을 결정하기 위하여, 과세표준에 적용되는 세율을 말한다.

Zollunion 관세동맹

특정한 나라간 또는 특정한 수 개국이 상호 관세상의 특별 대우를 협약한 동맹을 말한다.

Zu versteuerndes Einkommen 과세소득

회계연도의 과세대상 이익에서 세법상 인정되는 손금을 차감한 소득을 말한다.

Zusammenfassende Meldung 부가세 역내거래신고

부가세 대상 사업자는 지정된 양식(또는 인터넷으로)에 따라, 매 분기별로 EU 역내에 재화를 공급한 거래에 대해서, 분기 종료 후 10일 이내에 해당 관청(Bundeszentralamt für Steuer)에 신고해야 한다.

Zwangsschlichtung 　강제중재

1. 강제중재란 파업(→ Streik)을 대신하여, 분쟁의 양 당사자가 합의하여 추대한 중재자(→ Schlichter)의 중재에 맡겨 분쟁을 해결하려는 것이다. 이때 그 중재안(→ Schlichterspruch)은 구속력을 가진다. 독일의 단체교섭에서는 강제중재제도가 없다. 파업이 개별기업의 생산성에 미치는 부정적인 영향에 비판적인 학자들은 강제중재의 도입을 주장하기도 한다.

2. 한국에서는 노동조합및노동관계조정법에 따라, 필수공익사업 (철도·수도·병원 등)에 있어서 노동위원회위원장의 결정이 있으면 강제중재가 행해진다. 중재에 회부된 때에는 일정기간동안 쟁의행위가 금지된다.

참고문헌

송상엽, 『회계원리』 (웅지세무대학출판부, 2008)
송상엽(공저), 『중급회계 I, II』 (웅지경영아카데미, 2002)
송상엽(공저), 『원가관리회계』 (웅지경영아카데미, 2002)
신철우(공저), 『조직행동론』 (문영사, 2007)
이상윤, 『노동법』 (법문사, 2007)
이철재, 『세법강의』 (세경사, 2000)
전시춘, 『노동법전』 (탁월, 2006)
최종태, 『현대인사관리론』 (박영사, 2003)
하성식, 『독일 노동법 실무』 (한국학술정보(주), 2007)
홍성준, 『마케팅』 (새로운 제안, 2007)

『Arbeitsgesetze 73. Auflage』 (dtv-Beck, 2008)
Armstrong, M., 『Human Resource Management Practice』 (Kogan Page
    2001)
『DATEV 2008 - Tabelle und Informationen für den steuerlichen Berater』
    (DATEV, 2008)
Förschle | Scheffels, 『Buchführung: Grundzüge und Praxis』 (Economica,
    1993)
Franke, D. | Boden, M. (Hrsg.), 『Personaljahrbuch 2004』 (Luchterhand,
    2004)
『Gabler Wirtschaftslexikon』 (Gabler, 2004)
Kotler, P. | Bliemel, F., 『Marketing-Management』 (Schäffer-Poeschel,
    2001)
『Lohnsteuer Super-Tabelle 2009』 (Haufe, 2009)

Maess | Misteli | Günter (Hrsg.), 『Das Unternehmer-Jahrbuch 2004』 (Luchterhand, 2004)

『Praxishandbuch Personal (Dt. Wirtschaft, 2007 / 2008 / 2009)

『Wichitige Wirtschaftsgesetze』 (Neue Wirtschafts-Briefe, 2007)

Wöhe, G. | Kußmaul, H., 『Grundzüge der Buchführung und Bilanztechnik』 (Vahlen, 2006)

국문색인

ㄱ

가격선도자 Preisführer ——————————— 175
가격설정 Preisfestlegung ——————————— 175
가격전략 Preispolitik ——————————— 175
가격차별화 Personelle Preisdifferenzierung ——————————— 172
가격차별화 Preisdifferenzierung ——————————— 174
가격할인 전략 Rabattpolitik ——————————— 184
가불 Vorschüsse ——————————— 224
가속상각법 Degressive Abschreibung ——————————— 83
가장자영업 Scheinselbständigkeit ——————————— 194
간병보험 Pflegeversicherung ——————————— 173
감가상각(비) Abschreibung ——————————— 36
감가상각비 Abschreibungsbetrag ——————————— 37
감가상각률, 상각률 Abschreibungssatz ——————————— 37
감사의견 (외부감사인의) Bestätigungsvermerk ——————————— 62
감사의무 Prüfungspflicht ——————————— 182
감사회 Aufsichtsrat ——————————— 54
감자 Kapitalherabsetzung ——————————— 134
강제중재 Zwangsschlichtung ——————————— 236
개별브랜드전략 Einzelmarkenstrategie ——————————— 94
개업비 Betriebseinrichtungskosten ——————————— 66
개인책임보험 Privathaftpflichtversicherung ——————————— 176
건강(보험)개혁 2007 Gesundheitsreform 2007 ——————————— 113
건강보험 Krankenversicherung ——————————— 144
건강보험조합 Krankenkasse ——————————— 143
게릴라 마케팅 Guerilla Marketing ——————————— 121
견책 Ermahnung ——————————— 98
결산재무제표 Jahresabschluss ——————————— 131
경(쟁)업금지조항 Wettbewerbsklausel ——————————— 231
경고장 Abmahnung ——————————— 34

경과계정 Rechnungsabgrenzungsposten — 185
경영관행 Betriebliche Übung — 64
경영변동 Betriebsänderung — 64
경영조직법 Betriebsverfassungsgesetz — 69
경영참여권 Beteiligungsrecht — 63
경영현황보고서 Lagebericht — 150
경영협의회 Betriebsrat — 67
경쟁사 분석 Konkurrenzanalyse — 140
경쟁사중심 가격설정 Konkurrenzorientierte Preisfestlegung — 140
경쟁자기준법 Competitive-Parity-Methode — 81
경제적 편익 Geldwerter Vorteil — 109
계속적용의 원칙 Stetigkeitsgebot — 205
계절할인 Saisonrabatt — 194
계정 Konto — 140
계정과목분류표 Kontenrahmen — 140
계정과목분류표(GKR) Gemeinschaftskontenrahmen — 110
계정과목분류표(IKR) Industriekontenrahmen — 127
고객 분석 Kundenanalyse — 148
고용계약 Dienstvertrag — 84
고용보험 Arbeitslosenversicherung — 49
고정자산 Anlagevermögen — 44
고정자산목록 Anlagespiegel — 44
공동결정권 Mitbestimmungsrecht — 161
공동결정법 Mitbestimmungsgesetz — 161
공법 Öffentliches Recht — 167
공시의무 Offenlegungspflicht — 166
공시의무 Publizitätspflicht — 182
공인회계사 Wirtschaftsprüfer — 232
공헌이익 Deckungsbeitrag — 82
과세등급 Steuerklasse — 206
과세소득 Zu versteuerndes Einkommen — 235
관보 Bundesanzeiger — 78
관세 Zoll — 234
관세동맹 Zollunion — 235
관세율 Zolltarif — 235
관세자유지역 Freizonen — 105
관세장벽 Zollbarriere — 235
관세포탈 Zollhinterziehung — 235
광고매체 Werbeträger — 230

광고수단 Werbemittel ——————————————— 229
광고예산 Werbebudget ——————————————— 229
광고전략 Werbestrategie ——————————————— 229
광산노조 IG Bergbau ——————————————— 125
광산업공동결정법 Montan-Mitbestimmungsgesetz ——— 161
교육휴가 Bildungsurlaub ——————————————— 74
교통비 Fahrtkosten ——————————————— 101
교회세 Kirchensteuer ——————————————— 138
구매의사결정 프로세스 Kaufentscheidungsprozess ——— 136
구속력범위 (단체협약의) Tarifgebundenheit ——————— 208
국세징수법 Abgabenordnung ——————————————— 34
규모에 따른 분류 Größenklassen ——————————————— 118
그룹상해보험 Gruppen-Unfallversicherung ——————— 120
근로계약 Arbeitsvertrag ——————————————— 50
근로계약의 해지 (근로자에 의한) Eigenkündigung ——— 92
근로관계 Arbeitsverhältnis ——————————————— 50
근로관계 종료계약 Aufhebungsvertrag ——————— 53
근로금지 Beschäftigungsverbot ——————————————— 62
근로금지 BV ——————————————— 79
근로소득세 Lohnsteuer ——————————————— 155
근로소득세 카드 Lohnsteuerkarte ——————————————— 155
근로소득세카드 Steuerkarte ——————————————— 206
근로자 Arbeitnehmer ——————————————— 46
근로자파견계약 Arbeitnehmerüberlassungsvertrag ——— 47
근무면제 Freistellung ——————————————— 105
금속노조 IG Metall ——————————————— 125
급여 압류 Gehaltspfändung ——————————————— 108
급여계산 Gehaltsabrechnung ——————————————— 108
급여계속지급 Entgeltfortzahlung ——————————————— 96
급여계속지급법 Entgeltfortzahlungsgesetz ——————— 96
급여계속지급보험 Entgeltfortzahlungsversicherung ——— 96
급여압류대비표 Amtliche Lohnpfändungstabelle ——— 42
기간손익 Periodenergebnis ——————————————— 171
기간제 근로계약 Befristeter Arbeitsvertrag ——————— 59
기계장치 Technische Anlagen und Maschinen ——— 210
기능할인 Funktionsrabatt ——————————————— 107
기말재고자산의 평가 Bewertung des Endbestands ——— 70
기명주식 Namensaktie ——————————————— 163
기본예고기간 Grundkündigungsfrist ——————————————— 119

기업 경영상의 사유에 의한 일반해고 Betriebsbedingte Kündigung — 65
기업노령연금(제도) Betriebliche Altersversorgung — 64
기타 출장비 Reisenebenkosten — 187
기회-위협요인 분석 Chancen-Risiken-Analyse — 81

ㄴ

납세충당금 Steuerrückstellungen — 206
내용연수 Nutzungsdauer — 165
노동법원 Arbeitsgericht — 47
노동사무소 Agentur für Arbeit — 37
노동사무소의 옛 명칭 Arbeitsamt — 47
노동쟁의 Arbeitskampf — 48
노동조합 Gewerkschaft — 114
노무이사 Arbeitsdirektor — 47
누진유보제도 Progressionsvorbehalt — 181

ㄷ

단기근무 Kurzfristige Beschäftigung — 149
단시간 근로 Geringfügige Beschäftigung — 111
단체교섭 Tarifverhandlung — 208
단체협약 Tarifvertrag — 209
당기순손실 Jahresfehlbetrag — 131
당기순이익 Jahresüberschuss — 131
당좌비율 또는 유동비율 II Quick Ratio — 183
당좌예금계정 Kontokorrentkonto — 141
당좌자산 Geldvermögen — 109
당좌차월 Kontokorrentkredit — 141
당좌차월계약 Kontokorrentvertrag — 142
대량해고 Massenentlassung — 158
대변 Haben — 123
대변경과계정 Passive Rechnungsabgrenzungsposten — 169
대변계정 Passivkonto — 169
대변교환거래 Passivtausch — 169
대변잔액 Habensaldo — 123
대손충당금 Drohverlustrückstellungen — 88
대손충당금 Rückstellung für drohende Verluste aus
          schwebenden Geschäften — 190
대여금 (직원에 대한) Arbeitgeberdarlehen — 45
대차대조표 Bilanz — 71

대차대조표계정 Bestandskonto —————————— 62
대차대조표손실 Bilanzverlust —————————— 74
대차대조표이익 Bilanzgewinn —————————— 72
대차대조표일 Bilanzstichtag —————————— 72
대체휴가제 Betriebsurlaub —————————— 68
도입기 Einführungsphase —————————— 92
도착지기준 Bestimmungslandprinzip —————————— 63
독일노조연맹 Deutsche Gewerkschaftsbund —————————— 84
독일노조연맹 DGB —————————— 84
독일상공회의소 Deutsche Industrie- und Handelskammer —————————— 84
독특한 판매제안 USP —————————— 218
동정파업 Sympathiestreik —————————— 207

■ □ ■

마케팅 Netzwerk-Marketing —————————— 164
마케팅 도구 Marketinginstrumente —————————— 156
마케팅 믹스 Marketingmix —————————— 157
마케팅 통제 Marketingkontrolle —————————— 157
마케팅 환경분석 Situationsanalyse —————————— 199
매도율, 매도가 Briefkurs —————————— 76
매입부대비용 Anschaffungsnebenkosten —————————— 44
매입부대비용 Bezugskosten —————————— 71
매입율, 매수가 Geldkurs —————————— 109
매입채무 Verbindlichkeiten aus Lieferungen und Leistungen —————————— 219
매입채무관리 Kreditorenbuchhaltung —————————— 145
매입할인 Lieferantenskonti —————————— 152
매출 부가가치세 Umsatzsteuer —————————— 216
매출액비율법 Percentage-of-Sales-Methode —————————— 171
매출액순이익율 Umsatzrendite —————————— 215
매출액순이익율 Umsatzrentabilität —————————— 215
매출채권 Forderungen aus Lieferungen und Leistungen —————————— 103
매출채권관리 Debitorenbuchhaltung —————————— 82
매출할인 Kundenskonti —————————— 148
모성보호법 Mutterschutzgesetz —————————— 162
모집광고 Stellenanzeige —————————— 205
목표과제달성법 Objective-and-Task-Methode —————————— 166
무기근로계약 Unbefristeter Arbeitsvertrag —————————— 216
무기명주식 Inhaberaktie —————————— 128
무상감자 Nominelle Kapitalherabsetzung —————————— 165

무상주 Bonusaktien ——————————————————— 75
무상주 Gratisaktien ——————————————————— 117
무상증자 Nominelle Kapitalerhöhung ——————————— 165
무역조건 Incoterms ——————————————————— 127
무한책임사원 (합자회사의) Komplementär ——————————— 139
무형자산 Immaterielle Vermögensgegenstände ——————— 126
물적회사, 자본회사 Kapitalgesellschaft ——————————— 134
미니잡 Geringfügig entlohnte Beschäftigung —————————— 111
미니잡 Mini Job ——————————————————— 159
미디어 믹스 Media-Mix ——————————————————— 159
민법 Bürgerliches Recht ——————————————————— 77
민법상의 조합 GbR ——————————————————— 108
민법상의 조합 Gesellschaft des bürgerlichen Rechts ——————— 112
민법전 BGB ——————————————————— 71
민법전 Bürgerliches Gesetzbuch ——————————————————— 77

ㅂ

반덤핑관세 Antidumpingzoll ——————————————————— 45
발생주의 Periodengerechte Buchführung ——————————— 171
배당(금) Dividende ——————————————————— 87
배당증권 Dividendenpapiere ——————————————————— 87
배려의무 Fürsorgepflicht ——————————————————— 107
법률비용보험 Rechtsschutzversicherung ——————————— 186
법인 Juristische Person ——————————————————— 132
법인세 Körperschaftsteuer ——————————————————— 142
법정자본금 Gezeichnetes Kapital ——————————————— 116
법정자본금 Grundkapital ——————————————————— 119
법정자본금 Stammkapital ——————————————————— 204
(법정)이익준비금 Gesetzliche Rücklage ——————————— 113
보너스 Gratifikation ——————————————————— 117
보수주의 Vorsichtsprinzip ——————————————————— 224
보이콧 Boykott ——————————————————— 75
보통거래약관 AGB ——————————————————— 37
보통거래약관 Allgemeine Geschäftsbedingungen ——————— 41
보통주 Stammaktie ——————————————————— 203
보험료분담방식 Umlagenverfahren ——————————————— 215
보호관세 Protektionszoll ——————————————————— 181
보호관세 Schutzzoll ——————————————————— 197
복수브랜드전략 Mehrmarkenstrategie ——————————————— 159

복식부기　Doppelte Buchführung ———————————————— 87

부가가치세　Mehrwertsteuer ———————————————— 159

부가가치세　Vorsteuer ———————————————— 226

부가세 ID번호　Umsatzsteuer-Identifikationsnummer ——— 216

부가세 역내거래신고　Zusammenfassende Meldung ——— 235

부과세율　Hebesatz ———————————————— 125

부기　Buchführung ———————————————— 76

부동산 보유세　Grundsteuer ———————————————— 120

부부합산 과세제도　Ehegattensplitting ———————————————— 90

부적정의견　Versagungsvermerk ———————————————— 223

부채　Verbindlichkeit ———————————————— 219

부채비율　Fremdkapitalquote ———————————————— 106

분개양식　Buchungssatz ———————————————— 76

분할비율　Splitverhältnis ———————————————— 203

비교가능 제삼자 가격법　Preisvergleichsmethode ——— 176

비교형량　Interessenabwägung ———————————————— 128

비약상고　Sprungrevision ———————————————— 203

비용　Aufwendungen ———————————————— 55

비용중심 가격설정　Kostorientierte Preisfestlegung ——— 143

비품　Andere Anlagen, Betriebs- und Geschäftsausstattungen ——— 43

■ ㅅ ■

사내행사　Betriebsveranstaltung ———————————————— 68

사법　Privatrecht ———————————————— 176

사업장 책임보험　Betriebshaftpflichtversicherung ——— 67

사업장협약　Betriebsvereinbarung ———————————————— 69

사용사업주　Entleiher ———————————————— 97

사용자　Arbeitgeber ———————————————— 45

사용자단체　Arbeitgeberverbände ———————————————— 46

사용자비용보전법　Aufwendungsausgleichgesetz ——— 56

사용자의 보조금 (산전후휴가급여에 대한)　Arbeitgerberzuschuss zum Mutterschaftsgeld
———————————————— 46

사원총회　Gesellschafterversammlung ———————————————— 113

사채할인발행차금　Disagio ———————————————— 86

사채할인발행차금　Emissionsdisagio ———————————————— 96

사회계획　Sozialplan ———————————————— 201

사회계획에 따른 대상자의 선정　Sozialauswahl ——— 201

사회보험료　Sozialversicherungsbeitrag ———————————————— 202

산별노조　IG ———————————————— 125

산별노조(산업별노조) Industriegewerkschaft ———————— 127

산업별조합원칙 Industrieverbandsprinzip ———————— 127

산업재산권 Gewerbliche Schutzrechte ———————— 114

산전후휴가급여 Mutterschaftsgeld ———————— 161

산정요율 Steuermesszahl ———————— 206

산정한도금액 Beitragsbemessungsgrenze ———————— 60

상각 Amortisation ———————— 42

상고 Revision ———————— 189

상공회의소 IHK ———————— 126

상공회의소 Industrie- und Handelskammer ———————— 127

상법 Handelsrecht ———————— 124

상법전 Handelsgesetzbuch ———————— 123

상법전 HGB ———————— 125

상병급여 Krankengeld ———————— 143

상속세 Erbschaftsteuer ———————— 97

상업등기부 Handelsregister ———————— 124

상표전략 Markenpolitik ———————— 156

상품재고장 Lagerkartei ———————— 150

상호 (회사의) Firma ———————— 103

생산물배상 책임보험 Produkthaftpflichtversicherung ———————— 178

서류보존기간 Aufbewahrungsfrist ———————— 51

서류보존의무 Aufbewahrungspflicht ———————— 51

선입선출법 FIFO ———————— 102

성숙기 Reifephase ———————— 187

성장기 Wachstumsphase ———————— 227

성희롱 Sexuelle Belästigung ———————— 198

세무사 Steuerberater ———————— 205

세무상 인정가액 Amtlicher Sachbezugswert ———————— 42

소득공제 Freibetrag ———————— 104

소득공제 Freigrenze ———————— 105

소득세 Einkommensteuer ———————— 93

소액현금 Portokasse ———————— 173

소액현금출납장 Kassenbuch ———————— 136

손실계상주의 Imparitätsprinzip ———————— 126

손익계산서 G. u. V. ———————— 108

손익계산서 Gewinn- und Verlustrechnung ———————— 115

손익계산서계정 Erfolgskonto ———————— 98

손익분기점 Break-even-Punkt ———————— 76

손익분기점매출 Break-even-Umsatz ———————— 76

손익분기점분석 Break-even-Analyse ———————————————— 75
손익분기점비율 Beschäftigungsgrad ————————————————— 61
쇠퇴기 Rückgangsphase ————————————————————— 189
수공업자상공회의소 Handwerkskammer ————————————— 124
수권자본 Genehmigtes Kapital ——————————————————— 110
수권자본에 의한 증자 Genehmigte Kapitalerhöhung ———————— 110
수급제한기간 (실업급여의) Sperrzeit ——————————————— 202
수량할인 Mengenrabatt ————————————————————— 159
수선충당금 Rückstellung für Aufwendungen für Instandhaltung —— 190
수습기간 Probezeit ——————————————————————— 176
수요중심 가격설정 Nachfrageorientierte Preisfestlegung ————— 163
수익 Erträge ————————————————————————— 99
수익성 Rentabilität ————————————————————————— 187
수익성비율 Rentabilitätskennzahlen —————————————— 188
수입 Einnahmen ——————————————————————— 94
수입관세 Einfuhrzoll ——————————————————————— 93
수입부가세 Einfuhrumsatzsteuer ————————————————— 93
수정분개, 기말수정분개 Umbuchungen —————————————— 214
수출관세 Ausfuhrzoll ——————————————————————— 56
수출부가세 Ausfuhrumsatzsteuer ———————————————— 56
숙박비 Übernachtungskosten —————————————————— 213
순급여(액) Nettogehalt ———————————————————— 163
스톡옵션제도 Aktienoptionsprogram —————————————— 39
시가 Tageswert ———————————————————————— 208
시가 Zeitwert ————————————————————————— 234
시간별 가격차별화 Zeitliche Preisdifferenzierung ——————— 234
시장세분화 Marktsegmentierung ————————————————— 158
시장점유율 Marktanteil ——————————————————— 157
시장조사 Marktforschung ———————————————————— 157
식비보조비 Essenzuschusss ————————————————— 99
식사쿠폰 Essenbon ——————————————————————— 99
신제품개발 Neuproduktentwicklung —————————————— 164
신주인수권 Bezugsrecht ————————————————————— 71
신주인수권부사채 Anleihen mit Umtauschrecht ————————— 44
신주인수권부사채 Optionsanleihe ————————————————— 167
13개월째 급여 Dreizehnter Monatsgehalt ——————————— 88
실업급여 Arbeitslosengeld ———————————————————— 48
실업급여 Ⅰ ALG Ⅰ ————————————————————— 40
실업급여 Ⅰ Arbeitslosengeld Ⅰ ———————————————— 49

실업급여 II ALG II ——————————————————— 40
실업급여 II Arbeitslosengeld II ——————————— 49
실업급여 II Hartz IV ———————————————————— 124
실현주의 Realisationsprinzip ——————————————— 185

━ ○ ━

안전한계 Sicherheitsstrecke ——————————————— 198
안전한계율 Sicherheitskoeffizient ———————————— 198
안정성비율 Kennzahlen zur Kapitalstruktur ——————— 137
압류결정 Pfändungsbeschluss ——————————————— 169
양육보조금 Kindergeld ———————————————————— 137
업무용 차량 Dienstwagen ——————————————————— 85
에너지노조 IG Energie ———————————————————— 125
연금공제조합 Pensionskasse —————————————— 170
연금기금 Pensionsfonds ————————————————— 170
연금보험 Rentenversicherung ——————————————— 188
연대세 Solidaritätszuschlag ————————————————— 200
연대파업 Solidaritätsstreik ——————————————————— 199
연방노동법원 Bundesarbeitsgericht ————————————— 78
연방정보보호법 Bundesdatenschutzgesetz ——————— 78
연방휴가법 Bundesurlaubsgesetz ——————————————— 79
연수합계법 Arithmetrisch-degressive Abschreibung ——— 51
연차유급휴가 Erholungsurlaub ——————————————— 98
영업권 Geschäfts- oder Firmenwert ————————————— 111
영업비용 Betriebsausgaben ————————————————— 65
영업세 Gewerbesteuer ————————————————————— 113
예금 Bankguthaben ——————————————————————— 59
예금한도초과, 차월한도초과 Überziehung ——————————— 214
예금한도초과크레딧 Überziehungskredit ————————— 214
외부감사(제도) Wirtschaftsprüfung ————————————— 232
외화채권 Währungsforderungen ————————————————— 227
외화채무 Fremdwährungsschulden ——————————————— 106
외화환산손실 Kursverlust II ——————————————————— 149
외환차손, 환차손 Kursverlust I ——————————————— 148
외환차익, 환차익 Kursgewinn ——————————————————— 148
용도별 가격차별화 Verwendungsbezogene Preisdifferenzierung ——— 223
우리사주 Belegschaftsaktien ————————————————— 60
우선주 Vorzugsaktie ——————————————————————— 226
원가가산법 Kostenaufschlagsmethode ——————————— 142

원래가치환원주의 Wertaufholungsgebot ——————— 230
원산지증명서 Ursprungszeugnis ——————— 217
원재료 (재고자산) Roh-, Hilfs- und Betriebsstoffe ——————— 189
원천세 Quellensteuer ——————— 183
위약금 Vertragsstrafe ——————— 223
유가증권 Wertpapiere ——————— 230
유동부채 Kurzfristige Verbindlichkeiten ——————— 149
유동비율 Deckungsgrad ——————— 83
유동비율 Liquiditätsgrad ——————— 154
유동비율 I Cash Ratio ——————— 80
유동비율 I Liquidität 1. Grades ——————— 154
유동비율 II 또는 당좌비율 Liquidität 2. Grades ——————— 154
유동비율 III Current Ratio ——————— 81
유동비율 III Liquidität 3. Grades ——————— 154
유동성 Liquidität ——————— 153
유동성비율 Liquiditätskennzahlen ——————— 155
유동자산 Umlaufvermögen ——————— 215
유리한 조건 우선(적용)의 원칙 Günstigkeitsprinzip ——————— 120
유상감자 Effektive Kapitalherabsetzung ——————— 90
유상증자 Effektive Kapitalerhöhung ——————— 90
유통경로 Absatzwege ——————— 35
유통경로별 가격차별화 Preisdifferenzierung nach Distributionswegen ——————— 174
유한책임사원 (합자회사의) Kommanditist ——————— 139
유한합자회사 GmbH & Co. KG ——————— 116
유한합자회사 Kommanditgesellschaft mit einer Gesellschaft mit beschränkter Haftung ——————— 139
유한회사 Gesellschaft mit beschränkter Haftung ——————— 112
유한회사 GmbH ——————— 116
유한회사법 GmbH-Gesetz ——————— 116
유형자산 Sachanlagen ——————— 193
육아휴직 Elternzeit ——————— 95
육아휴직보조금 Elterngeld ——————— 95
이동평균법 Gleitendes Durchschnittsverfahren ——————— 116
이사회 Vorstand ——————— 225
이월 Vortrag ——————— 226
이월결손금 Verlustvortrag ——————— 221
이월이익잉여금 Gewinnvortrag ——————— 115
이익 Gewinn ——————— 114
이익분배 Gewinnausschüttung ——————— 115

이익비율법　Percentage-of-Profit-Methode　170
이익잉여금　Gewinnrücklagen　115
이전가격　Konzernverrechnungspreis　142
이전가격　Transferpreis　210
이전가격　Verrechnungspreis　222
이해조정　Interessenausgleich　129
인력파견회사　Zeitarbeitunternehmer　234
인사기록카드　Personalakte　171
인적회사　Personengesellschaft　173
인증마크　CE-Kennzeichnung　81
일당(출장비)　Verpflegungsmehraufwendungen　221
일반균등대우법　AGG　37
일반균등대우법　Allgemeine Gleichbehandlungsgesetz　41
일반적 구속력의 확장선언 (단체협약의)　Allgemeinverbindlichkeitserklärung　41
일반해고　Ordentliche Kündigung　167
일신상의 사유에 의한 일반해고　Personenbedingte Kündigung　172
임산부보호기간　Mutterschutzfrist　162

ㅈ

자기자본　Eigenkapital　91
자기자본비율　Eigenkapitalquote　91
자기자본이익률　Eigenkapitalrentabilität　92
자기주식　Eigene Aktien　90
자동차 부분 종합보험　Teilkaskoversicherung　210
자동차 종합보험　Kaskoversicherung　136
자동차 종합보험　Vollkaskoversicherung　223
자동차 책임보험　Kfz-Haftpflichtversicherung　137
자본　Kapital　133
자본잉여금　Kapitalrücklage　135
자본잠식　Überschuldung　213
자본회전율　Kapitalumschlagshäufigkeit　135
자산　Vermögen　221
자산　Vermögensgegenstände　221
자연인　Natürliche Person　163
자영업　Einzelunternehmen　95
자유직업자　Freiberufler　103
자투리회계연도　Rumpfgeschäftsjahr　192
작성기한 (결산장부의)　Aufstellungsfrist　55
작성의무 (결산장부의)　Aufstellungspflicht　55

잔존가액 Restwert ——————————————————— 188
장단점 분석 Stärken-Schwächen-Analyse ————————— 204
장부가 Buchwert ——————————————————— 77
재고목록(표) Inventar ———————————————— 129
재고자산 Vorräte ——————————————————— 224
재고자산회전(율) Lagerumschlag ————————————— 150
재고자산회전율 Lagerumschlagshäufigkeit ————————— 150
재고조사, 실지재고조사, 실사 Inventur ———————————— 130
재공품 (재고자산) Unfertige Erzeugnisse ——————— 217
재무비율 Bilanzkennzahlen ——————————————— 72
재정관세 Finanzzoll ———————————————————— 103
재정관세 Fiskalzoll ———————————————————— 103
재판권 Gerichtsbarkeit ——————————————— 111
재판기일 Kammertermin ——————————————— 133
재판매가격법 Wiederverkaufspreismethode ——————— 231
재판부 (노동법원과 주노동법원의) Kammer —————————— 133
재판부 (연방노동법원의) Senat —————————————— 197
재해보험 Unfallversicherung —————————————— 217
저가주의, 저가법 Niederstwertprinzip ———————————— 164
적정의견 Uneingeschränkter Bestätigungsvermerk ———— 216
적합선언서 Konformitätserklärung ——————————— 139
전환사채 Wandelanleihe ——————————————— 228
전환사채 Wandelobligation ——————————————— 228
전환사채 Wandelschuldverschreibungen ———————— 228
정관 (유한회사의) Gesellschaftsvertrag ———————— 113
정관 (주식회사의) Satzung —————————————— 194
정률법 Geometrisch-degressive Abschreibung —————— 110
정보권 Informationsecht ——————————————— 128
정산표 Hauptabschlussübersicht —————————— 124
정액법 lineare Abschreibung ———————————— 152
제품 라이프사이클 Produktlebenszyklus ———————— 179
제품 라이프사이클 분석 Lebenszyklusanalyse —————— 151
제품 포트폴리오 매트릭스 Produkt-Portofolio-Matrix ——— 180
제품-시장-영역분석 Produkt-Markt-Matrix ——————— 179
제품다양화 Produktdiversifikation ——————————— 177
제품모델별 가격차별화 Preisdifferenzierung nach Produktvarianten —— 174
제품변화 Produktvariation ——————————————— 181
제품수명주기 Produktlebenszyklus ———————————— 178
제품전략 Produktpolitik ——————————————— 179

제품제거 Produktelimination — 178
제품차별화 Produktdifferenzierung — 177
제품혁신 Produktinnovation — 178
조기은퇴제도 Altersteilzeit — 42
조정 Vergleich — 219
종업원, 직원 (집합 개념) Belegschaft — 60
주거보조금 Wohngeld — 233
주노동법원 Landesarbeitsgericht — 151
주석 Anhang — 43
주식 Aktie — 38
주식(사채)발행 Emission — 95
주식(회사)법 Aktiengesetz — 39
주식매입선택권, 스톡옵션 Aktienoption — 39
주식발행 Aktienemission — 38
주식발행초과금 Emissionsagio — 96
주식발행초과금, 사채할증발행차금 Agio — 38
주식분할 Aktiensplit — 40
주식할인발행차금, 사채할인발행차금 Damnum — 82
주식합자회사 KGaA — 137
주식합자회사 Kommanditgesellschaft auf Aktien — 138
주식회사 AG — 37
주식회사 Aktiengesellschaft — 38
주주명부 Aktienbuch — 38
주주명부 Aktienregister — 39
주주지분의 희석화 Kapitalverwässerung — 135
주주총회 Hauptversammlung — 125
준자율적 작업집단 Teilautonome Arbeitsgruppe — 210
중심브랜드전략 Dachmarkenstrategie — 82
중재 Schlichtung — 196
중재안 Schlichterspruch — 196
중재위원회 Schlichtungskommission — 197
중재자 Schlichter — 197
중재제도 Schlichtverfahren — 197
중재협약 Schlichtungsabkommen — 196
즉시해고 Außerordentliche Kündigung — 57
증여세 Schenkungsteuer — 195
증자 Kapitalerhöhung — 134
지급보증크레딧 Avalkredit — 58
지급보증크레딧 Bürgschaftkredit — 77

지급보증크레딧수수료 Avalprovision ——————————————— 58
지급불능 Insolvenz ——————————————— 128
지급유보(조항) Freiwilligkeitsvorbehalt ——————————————— 105
지시권 Direktionsrecht ——————————————— 85
지시권 Weisungsrecht ——————————————— 228
지역별 가격차별화 Räumliche Preisdifferenzierung ——————————————— 184
지출 Ausgaben ——————————————— 56
지출가능액법 All you can afford-Methode ——————————————— 41
직무교차 Arbeitsplatzwechsel ——————————————— 50
직무기술서 Stellenbeschreibung ——————————————— 205
직무명세서 Anforderungsprofil ——————————————— 43
직무분석 Aufgabenanalyse ——————————————— 51
직무설계 Aufgabengestaltung ——————————————— 53
직무충실 Aufgabenbereicherung ——————————————— 52
직무확대 Aufgabenerweiterung ——————————————— 52
직업훈련생 Auszubildende(r) ——————————————— 57
직업훈련생 Azubi ——————————————— 58
직장폐쇄 Aussperrung ——————————————— 57
직접보장 Direktzusage ——————————————— 86
직접보험 Direktversicherung ——————————————— 85
질책 Rüge ——————————————— 191
집합대차대조표계정 Schlußbilanzkonto ——————————————— 197
집합손익계정 GuV Konto ——————————————— 122

＊ ㅊ ＊

차대변감소거래 Bilanzverkürzung ——————————————— 73
차대변증가거래 Bilanzverlängerung ——————————————— 73
차변 Soll ——————————————— 200
차변경과계정 Aktive Rechnungsabgrenzungsposten ——————————————— 40
차변계정 Aktivkonto ——————————————— 40
차변교환거래 Aktivtausch ——————————————— 40
차변잔액 Sollsaldo ——————————————— 200
차별, 차별대우 Diskriminierung ——————————————— 87
차월약정(기본)수수료 Bereitstellungsprovision ——————————————— 61
차월한도 Kreditlimit ——————————————— 145
차월한도 Kreditlinie ——————————————— 145
차월한도초과수수료 Überziehungsprovision ——————————————— 214
창업비 Gründungskosten ——————————————— 118
채권 Zinspapiere ——————————————— 234

채권포기각서 Rangrücktrittserkärung ——————— 184
채권후순위청구각서 Rückstehungserklärung ——————— 190
채용면접 Vorstellungsgespräch ——————— 225
책임보험 Haftpflichtversicherung ——————— 123
청산 Liquidation ——————— 153
청산인 Liquidator ——————— 153
초과근무 Mehrarbeit ——————— 159
초과근무, 시간외 근로 Überstunde ——————— 214
총급여(액) Bruttogehalt ——————— 76
총자본이익률 Gesamtkapitalrentabilität ——————— 111
총자산 또는 총자본 Bilanzsumme ——————— 73
총평균법 Einfaches Durchschnittsverfahren ——————— 92
출장비 Reisekosten ——————— 187
충당금 Rückstellungen ——————— 190
충실의무 Betriebstreue ——————— 68
충실의무 Treupflicht ——————— 210
취득원가 (상품의) Anschaffungskosten ——————— 44

ㅋ

크리스마스 상여금 Weihnachtsgeld ——————— 228

ㅌ

타인자본 Fremdkapital ——————— 106
태업 Bummelstreik ——————— 77
토지 Grundstücke ——————— 120
토지취득세 Grunderwerbsteuer ——————— 118
통근보조비 Fahrtkostenzuschuss ——————— 101
통합 서비스/공공노조 Ver.di ——————— 219
퇴직연금충당금 Pensionsrückstellung ——————— 170
투자수익률 Return on Investment ——————— 189
투자유가증권 Wertpapiere des Anlagevermögens ——————— 230
투자인센티브 Investitionszulage ——————— 130
투자자산 Finanzanlagen ——————— 102
특별상여금 Sondervergütung ——————— 201
특별휴가 Sonderurlaub ——————— 200

ㅍ

파견근로자 Leiharbeitnehmer ——————— 151
파견사업주 Verleiher ——————— 220

파산 Konkurs ——————————————————— 140
파업 Streik ——————————————————— 206
파업기금 Streikfonds ——————————————————— 207
파업기금 Streikkasse ——————————————————— 207
파업보조금 Streikgeld ——————————————————— 207
판매보증충당금 Rückstellung für Gewährleistungen ——————— 190
패밀리브랜드전략 Markenfamilienstrategie ———————————— 156
평균법 Durchschnittsverfahren ——————————————— 88
포지셔닝 Positionierung ——————————————————— 173
포화기 Sättigungsphase ——————————————————— 194
프랜차이즈 Franchising ——————————————————— 103
프랜차이즈 Konzessionsverkauf ————————————————— 142
프리랜서 Freie(r) Mitarbeiter(in) ———————————————— 104

ㅎ

한정의견 Eingeschränkter Bestätigungsvermerk —————————— 93
할인 Skonto ——————————————————— 199
할인 (사후적) Boni ——————————————————— 75
합명회사 Offene Handelsgesellschaft ——————————————— 166
합명회사 OHG ——————————————————— 167
합자회사 KG ——————————————————— 137
합자회사 Kommanditgesellschaft —————————————————— 138
항고 Beschwerde ——————————————————— 62
항소 Berufung ——————————————————— 61
해고무효소송, 부당해고소송 Kündigungsschutzklage ——————— 147
해고보상금 Abfindung ——————————————————— 34
해고예고기간 Kündigungsfrist —————————————————— 145
해고제한법 Kündigungsschutzgesetz ——————————————— 146
해산 Auflösung ——————————————————— 54
해외출장 건강보험 Auslandsreise-Krankenversicherung —————— 57
해지 Kündigung ——————————————————— 145
행태상의 사유에 의한 일반해고 Verhaltensbedingte Kündigung ——— 220
현금 Kassenbestand ——————————————————— 136
현금계정 Kassekonto ——————————————————— 136
현금성자산 Liquide Mittel ——————————————————— 153
현금주의 Ein- und Auszahlungsrechnung ——————————— 92
현금할인 Barrabatt ——————————————————— 59
현금흐름 Cashflow ——————————————————— 80
현물급여 Sachbezüge ——————————————————— 193

현물출자 Sacheinlagen — 193
현물할인 Naturalrabatt — 163
협약체결능력 (단체협약의) Tariffähigkeit — 208
협의권 Beratungsrecht — 60
화학노조 IG Chemie — 125
화해심리 Güteverhandlung — 121
화해심리기일 Gütetermin — 121
활동성비율 Kennzahlen zur Umschlagshäufigkeit — 137
회계감사 Abschlussprüfung — 36
회계감사인, 외부감사인 Abschlussprüfer — 35
회계거래, 부기상의 거래 Geschäftsvorfälle — 112
회계법인 Wirtschaftsprüfungsgesellschaft — 233
회계연도 Wirtschaftsjahr — 232
회계연도, 회계기간 Geschäftsjahr — 112
회계원칙 GoB — 116
회계원칙 Grundsätze ordnungsmäßiger Buchführung — 119
후입선출법 LIFO — 152
휴가보조비 Urlaubsgeld — 217
휴지기간 (실업급여의) Ruhenszeit — 191

𝒜

ABC 분석 ABC-Analyse — 33

𝒰

U1-분담방식 U1-Verfahren — 212
U2-분담방식 U2-Verfahren — 212

하성식 ────────────────────────────────────

독일 만하임대학에서 경영조직론, 인사관리 및 심리학으로 경영학 석사학위(Diplom-Kaufmann)를 받았다. 이후 독일 Coopers & Lybrand(Price Waterhouse Coopers)에서 경영컨설턴트로 근무했으며, 오스트리아 Kretztechnik AG, 메디슨 독일법인, 한진해운 구주본부 등지에서 기획, 인사 및 재무파트를 담당했다. 저서로는 『독일 노동법 실무』(한국학술정보(주), 2007)가 있으며, 현재 독일 프랑크푸르트에서 경영컨설팅(ANAG Equilibrium Personalberatung 대표 컨설턴트) 사무실을 운영하고 있다.

독일 기업실무
용어사전

초판인쇄 | 2009년 6월 19일
초판발행 | 2009년 6월 19일

지은이 | 하성식
펴낸이 | 채종준
펴낸곳 | 한국학술정보㈜
주 소 | 경기도 파주시 교하읍 문발리 513-5 파주출판문화정보산업단지
전 화 | 031) 908-3181(대표)
팩 스 | 031) 908-3189
홈페이지 | http://www.kstudy.com
E-mail | 출판사업부 publish@kstudy.com

등 록 | 제일산-115호(2000. 6. 19)
가 격 | 17,000원

ISBN 978-89-534-4195-8 93320 (Paper Book)
       978-89-534-4220-7 98320 (e-Book)